DÉPARTEMENT D'ILLE-ET-VILAINE

ARRONDISSEMENT DE SAINT-MALO

PROCÈS-VERBAL

DE L'ADMINISTRATION

DES

DIGUES ET MARAIS DE DOL

Du 21 juillet 1879

QUATRIÈME VOLUME (9[illegible]

RENNES
TYPOGRAPHIE OBERTHUR ET FILS, FAUBOURG DE PARIS, 12

1879

DIGUES ET MARAIS DE DOL

PROCÈS-VERBAL

DE LA

Séance de l'Assemblée générale des députés des communes des marais de Dol, du 21 juillet 1879.

L'an 1879, le 21 juillet, aux neuf heures du matin, les députés des communes des digues et marais de Dol, se sont réunis au Syndicat, avec l'autorisation de M. le Préfet d'Ille-et-Vilaine.

Nomination du bureau provisoire.

L'Assemblée étant en nombre suffisant, a procédé à la nomination du bureau provisoire, en conformité de l'art. 14 du règlement.

M. Guibourg, doyen d'âge, a été appelé à la présidence; MM. Hoüitte et Bouassier, l'un comme le plus âgé et l'autre comme le plus jeune des députés présents, ont été appelés comme scrutateurs.

Le bureau ainsi composé a nommé M. Pinson comme secrétaire.

Appel nominal des députés.

Ensuite il a été procédé par commune à l'appel des députés présents et à la vérification des élections qui ont eu lieu le premier dimanche de mai dernier, dans l'ordre suivant :

MONT-DOL : Lemarié (Joseph), Fougeray (Mathurin), Robert (Henri), Lair (François), Desmot (Jean).

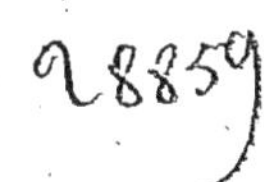

La Fresnais : Maltouche (Julien), Herbert (Aristide), Cornillet (Jean), Bouaissier (Augustin).

Hirel-Vildé : Pinson, maire ; Venel (Julien), Richard (Pierre), Bouret (Joseph).

La Gouesnière : Hoüitte de la Chesnais père, de Kergariou (Christian), Hoüitte de la Chesnais fils.

Cherrueix : Couapel, maire ; Plainfossé (Auguste), Trécan (Jean-Marie), Gasnier (Marie).

Saint-Broladre : Goblet (Pierre), Richard (Jean-Baptiste), notaire.

Saint-Méloir-des-Ondes : Thierry du Fougeray, Lainé (Pierre).

Saint-Benoit-des-Ondes : Dupuy, maire ; Dupuy (Pierre).

Roz-sur-Couesnon : Plainfossé (Mathurin), Auvray (François).

Lillemer : Rouxin (Charles), Bouesnel (Augustin).

Le Vivier : Pépin (Joseph), Barbé (Gilles).

Roz-Landrieux : Véron (Amiral), Mainsard, avocat.

Saint-Georges-de-Gréhaigne : La Chambre (Charles), ancien député ; Belard (Constant).

Saint-Guinoux : de Kergariou (Guillaume), Hiard (Guillaume).

Plerguer : de Gouyon de Beaufort, maire ; Guibourg (Achille).

Miniac-Morvan : de Laubespin, maire ; Guibert (Mathurin).

Saint-Marcan : Gâteau (Charles).

Dol : Genée (Pierre).

Pleine-Fougères : Marie (Henri), propriétaire à Pontorson.

Chateauneuf : Sauvage, maire.

Saint-Père : Hovius, député.

Baguer-Pican : Le Beltel (Jean-Marie).

MM. Couapel et Plainfossé, de Cherrueix, n'ont point répondu à l'appel de leurs noms et n'ont point adressé de lettres d'excuse. M. Thierry du Fougeray, absent, s'est fait excuser par la lettre suivante, écrite au secrétaire :

« Mon cher Pinson,

» Une de mes petites-filles vient de tomber assez sérieuse-
» ment malade pour me mettre dans l'impossibilité de me
» rendre à la réunion des digues.

» Veuillez présenter mes excuses à l'Assemblée. »

Validation des élections.

Aucune protestation n'ayant été faite contre la régularité des élections dans les différentes communes, toutes les élections ont été validées sans observation.

Élection du bureau définitif.

Il a ensuite été procédé à l'élection du bureau définitif.

A l'appel de son nom, chaque député est venu déposer son vote, et le résultat a été le suivant :

MM. Hoüitte de la Chesnais, *président*	37	suffrages.
Rouxin, *vice-président*	35	—
Guibourg, *scrutateur*	29	—
Lemarié, —	25	—
Pinson, *secrétaire*	30	—

Les autres voix ont été accordées à MM. Mainsard, Dupuy, Venel, Hovius, La Chambre, Sauvage, et deux bulletins nuls.

M. Guibourg a invité le bureau définitif à prendre place, et M. Hoüitte de la Chesnais, en son nom, comme au nom du bureau tout entier, a remercié l'Assemblée de ce nouveau gage de confiance, affirmant son impartialité et son dévouement aux intérêts de l'Association (Très bien).

Élection de quatre membres du Conseil administratif.

Il a invité l'Assemblée à nommer quatre membres du Conseil administratif, MM. Hoüitte et Guibourg étant à réélire et MM. Josseaume et Gaudeul à remplacer.

Ce vote a donné pour résultat : MM. Hoüitte de la Chesnais, 39 suffrages; Guibourg, 38; Mainsard, 31; La Chambre, 31; Dupuy, 15; Herbert, 2; Hovius, 2.

En conséquence, MM. Hoüitte, Guibourg, La Chambre et Mainsard ont été proclamés membres du Conseil administratif, M. Mainsard en remplacement de M. Josseaume.

Vérification des comptes.

L'Assemblée nomme ensuite MM. l'amiral Véron et Dupuy pour vérifier les comptes du receveur central.

Lecture est donnée par le secrétaire du procès-verbal de l'Assemblée du 22 juillet 1878, qui est accepté sans observation.

M. le Président donne lecture ensuite, comme membre de la commission pour le biez Briant, de son rapport à ce sujet, ainsi conçu :

Rapport de la commission chargée d'examiner la question de propriété de la rive droite du biez Briant.

RAPPORT DE LA COMMISSION

Chargée d'examiner la question de propriété de la rive droite du biez Briant.

Commissaires : MM. Pinson, Rouxin, Gaudeul et Houitte de la Chesnais, rapporteur.

Messieurs,

Le bail de la berge orientale du biez Briant, entre le pont de la Pigassière et la commune de Hirel, a suscité, de la part de la commune de la Fresnais, la prétention d'être propriétaire de partie de cette berge, sinon de la totalité.

Dans votre Assemblée générale du 22 juillet 1878, vous avez nommé une commission pour examiner les lieux et vous donner son avis sur la question de propriété de la rive droite du biez Briant. Cette commission m'a confié la mission de vous rendre compte de son travail.

Le mardi 10 septembre 1878, la commission, s'étant rendue sur les lieux, a suivi le cours du biez, depuis le pont de la Pigassière jusqu'à la limite de la commune de la Fresnais, vers Hirel, en présence de MM. Maltouche, maire de la Fresnais, et Augustin Turmel, délégués du conseil municipal.

Suivant nos instructions, M. le conducteur Salzard avait fait opérer sur la berge contestée un piquetage conforme au plan de rectification du biez dressé en 1836 et à la décision de M. le

Préfet, du 7 juin 1839, prescrivant de donner aux berges une pente de 1^{m} 1/2 de base pour 1^{m} de hauteur.

Il résulte du piquetage que si le talus était régularisé avec cette pente normale, la berge orientale du biez occuperait *tout l'espace compris entre le plafond de la rivière et le pied ouest du talus ou risberne construit par le service vicinal*, le long du chemin allant à la gare du chemin de fer.

D'un autre côté, un second piquetage opéré simultanément par M. Salzard, sur la même rive, établit que l'ancienne berge, qui n'a pas été modifiée depuis 1839, contiendrait une petite laise de terrain d'une largeur variable, depuis 0^{m} à 1^{m}50 près du pont de la Pigassière jusqu'au bourg, sur une longueur de 716^{m}, dont l'ensemble présente une surface de ci. . 9 ares 60

Et depuis le pont du bourg jusqu'à la limite de la commune de la Fresnais, sur une longueur de 1,411^{m} et une largeur inégale, une superficie de......... 17 25

En tout........... 26 ares 85

Pour expliquer l'existence de ces parcelles sur le talus oriental de la rivière, il faut remarquer qu'il ressort des documents de nos archives qu'en votant, en 1836 et les années suivantes, la rectification du biez Briant, l'Assemblée générale avait décidé que les travaux d'ouverture et d'élargissement de ce canal ne porteraient que sur la rive gauche pour ne pas diminuer la largeur des chemins qui le bordaient, et en outre, par des motifs d'économie.

Depuis la rectification de la berge occidentale, un chemin vicinal a été construit à l'est du biez, entre le pont de la Pigassière et le bourg de la Fresnais ; mais il a été appris à votre commission par l'examen du plan cadastral et les renseignements fournis par les délégués du conseil municipal que ce chemin avait été élargi et exhaussé au moyen des terrains cédés gratuitement par les riverains jusqu'à concurrence de 10 ares 50.

Dès lors, il est constant que, de ce côté, la berge avait été respectée et que la commune n'avait fourni que le sol de l'ancienne route pour établir la nouvelle.

Quoi qu'il en soit et prenant les choses dans l'état actuel, il s'agit de savoir à qui appartient la propriété des *parcelles existant sur le terrain, entre le double rang des piquets plantés par M. le Conducteur*, le surplus du sol de la berge ne pouvant être raisonnablement contesté au Syndicat.

Occupons-nous donc uniquement des laises existant sur la berge orientale et présentant une surface de 26 ares 85.

L'existence d'une rivière ou d'un canal impliquant la propriété de ses berges, qui en sont une partie intégrante, indispensable, l'Association peut prétendre à la propriété exclusive de la berge contestée. Les arrêts de règlement de 1736 et années suivantes confirmeraient sa prétention.

Mais la forme de la berge, qui remonte à un temps reculé, présente des irrégularités qui peuvent faire penser que les points compris entre les deux lignes de jalons plantés par le conducteur faisaient partie du chemin avant sa reconstruction. Malgré la déclivité du talus, on remarque, en effet, que les parcelles dont il s'agit sont presque de niveau avec le chemin, en tenant compte des terrassements qui l'ont exhaussé.

Sur un certain nombre de points, ces laises présentent l'aspect d'une petite plate-forme qui les distingue du reste du talus; mais cette disposition accidentelle des lieux ne peut faire reconnaître à la Fresnais *la propriété de toute la berge*, comme le prétend M. le Maire de cette commune. L'accessoire suivant le sort du principal, on doit plutôt confondre ces parcelles avec la berge dont nous ne pouvons à aucun prix sacrifier la propriété. Autant vaudrait laisser envahir ou détruire nos digues, puisque ces deux obstacles sont, à des points de vue différents, la sauvegarde de nos marais et constituent le domaine public du Syndicat.

En droit rigoureux, vous pouvez donc repousser la prétention de la commune de la Fresnais et soutenir que la berge orientale du biez Briant appartient exclusivement au Syndicat.

Cependant, votre commission a hésité à vous proposer cette solution radicale.

S'il peut s'élever quelque doute sur la propriété des parcelles contenant 26 ares 85, indiquées ci-dessus ; s'il est admis que ces parcelles dépendaient, il y a quelques années, d'un chemin communal, entre associés, les difficultés doivent se traiter avec mesure, et votre commission vous propose une transaction qui ménagerait tous les intérêts.

L'arrêté du préfet de juin 1839 prescrivait de donner aux berges un talus normal dont nous devons faciliter l'exécution pour un avenir plus ou moins prochain. Si l'état de nos finances ne permet pas d'entreprendre immédiatement ce travail dispendieux, il convient du moins de rectifier peu à peu la berge orientale, suivant une pente régulière, en faisant disparaître les saillies que présente le talus. Pour cela, le Syndicat doit être le propriétaire incontesté de toutes les parties de la berge.

L'enlèvement de ces saillies aurait l'avantage encore d'empêcher le pacage des bestiaux qui s'y pratique, en dépit des règlements et du bail actuel.

Les parcelles dont il s'agit présentent cette condition étrange que si elles étaient attribuées à la commune de la Fresnais, elles enclaveraient la berge occidentale du biez, en l'isolant de la voie publique. Cette circonstance en rend la propriété indispensable au Syndicat. D'une autre part, on doit considérer que la trop minime largeur de ces petits terrains, leur déclivité, l'impossibilité matérielle de les séparer du surplus de la berge par une clôture et de les cultiver, par suite de l'irrégularité de leur forme, en diminuent considérablement la valeur vénale. On pourrait ajouter que les règlements du Syndicat en interdisant le pacage, ces diverses considérations devront en faire atténuer l'évaluation par les experts.

En résumé, votre commission est d'avis :

Que le Syndicat est propriétaire exclusif de la berge orientale du biez Briant ;

Que, néanmoins, pour prévenir un procès avec la commune

de la Fresnais, le Syndicat doit acquérir les 26 ares 85 prétendus provenir d'un chemin communal et existant entre les jalons plantés par le conducteur. Le prix en serait fixé par un expert nommé par le Syndicat, l'autre par la commune, le troisième, en cas de partage, par M. le Président du tribunal civil.

Observations par divers membres.

M. Herbert. — La commune, dit-il, veut conserver ce qu'elle possède. Elle n'entend pas céder les parcelles du glacis qui sont sa propriété. Avant la construction du chemin vicinal, ces parcelles faisaient partie du chemin communal. L'élargissement a été donné sur le terrain de M. Santerre et quant à lui, il s'opposera toujours à la vente par la commune.

M. Maltouche dit : Avant l'établissement du chemin vicinal, le glacis du biez n'avait pas un mètre de pente. Le terrain est donc notre propriété. Si nous vendons, nous ne voulons pas que le Syndicat afferme la berge du biez et ce sera une des conditions de la vente inscrite dans le traité, et il ajoute : vous êtes vingt-deux communes contre une, il n'est pas étonnant que ma commune succombe.

M. Hovius demande à qui appartient le glacis? Et se plaçant au point de vue du bail seul, il demande s'il ne serait pas possible au Syndicat de prendre l'engagement de ne pas louer.

M. Dupuy fait observer que la commune ne demande qu'une chose, c'est que le terrain ne soit pas loué à un industriel, qui profite de toutes les occasions pour poursuivre les propriétaires du bétail qui passe sur la berge, afin d'obtenir d'eux des dommages et intérêts importants.

M. Guibourg déclare que l'Association ne peut se désister du droit résultant de la propriété même, qu'il n'est pas possible qu'elle s'engage pour l'avenir à ne pas louer ce terrain.

M. Venel explique que les parcelles en litige se prolongent le long du glacis du biez sur un parcours d'un kilomètre et demi; qu'elles sont bien la propriété du Syndicat; que c'est à tort que M. le Maire de la Fresnais se pose en victime; qu'il ignore absolument le droit de sa commune; que déjà, au Conseil administratif, il l'avait invité à consulter un jurisconsulte, et qu'il apprendrait de lui que la commune ne peut légalement revendiquer ces parcelles de terre.

M. Pinson expose que déjà, au Conseil administratif, sur les conclusions de MM. Josseaume et Rouxin, des poursuites avaient été décidées contre la commune de la Fresnaîs; qu'il s'était opposé à ces poursuites; les communes étant les membres de notre Association, il lui paraissait juste d'employer envers elle la conciliation; qu'une commission avait été nommée dans ce but, et qu'il n'y avait, selon lui, qu'une chose raisonnable à faire, c'était d'accepter purement et simplement les conclusions de l'honorable président, en invitant toutefois le Conseil administratif, en raison de la situation exceptionnelle de ces terrains, à ne pas les louer à l'avenir.

M. Genée croit qu'en payant à la commune de la Fresnais le terrain qu'elle réclame, on expose le Syndicat à des réclamations semblables de la part des autres communes; que tous nos biez et canaux ont été faits dans les mêmes conditions que celui du biez Briant et que l'on pourrait réclamer à l'avenir le prix du terrain qui a servi à la berge et au glacis de ces biez.

M. le Président fait connaître à l'Assemblée la position topographique des parcelles réclamées. La difficulté ne vient pas du chemin, mais elle porte sur la propriété des parcelles. Les délégués du conseil municipal, MM. Augustin Turmel et Maltouche, avaient accepté à la mairie de la Fresnais la transaction proposée et M. le Président maintient donc les conclusions de son rapport, consentant toutefois à ce que l'Assemblée invite le Conseil à ne pas louer ces terrains à l'avenir.

M. La Chambre dit que la commune a raison de défendre ses droits; que la transaction proposée au point de vue de la location ou bail est du ressort du Conseil administratif, qu'il sera plus facile de s'entendre avec ce Conseil et qu'il n'est pas douteux qu'il ne donne satisfaction au point de vue du bail, à la commune de la Fresnais, en sauvegardant tous les intérêts.

Les conclusions du rapport sont adoptées avec invitation au Conseil de ne pas louer à l'avenir.

Les conclusions du rapport mises aux voix sont adoptées par l'Assemblée, avec invitation au Conseil, en raison de la situation exceptionnelle des parcelles, de ne pas les louer à l'avenir.

M. le Président donne ensuite lecture de son rapport sur la rive gauche du biez Guyoul.

Rapport de M. Houitte de la Chesnais sur la rive gauche du biez Guyoul.

RAPPORT DE LA COMMISSION

Nommée pour constater les anticipations pratiquées sur la digue occidentale du biez Guyoul.

Composée de MM. Genée, Pinson, Rouxin et Houitte de la Chesnais, rapporteur.

Messieurs,

Vous n'avez pas oublié les énergiques protestations produites dans l'Assemblée du 22 juillet 1878, par l'honorable député de Dol, contre les entreprises de plusieurs riverains, sur la largeur de la digue occidentale du biez Guyoul.

La commission nommée par vous pour examiner les lieux et vous proposer les moyens d'obvier à ces usurpations, m'a chargé de vous rendre compte de son travail.

Le 14 octobre 1878, la commission s'est transportée sur la rive gauche du Guyoul, accompagnée de MM. Rame, syndic et Salzard, conducteur de nos travaux. Ayant parcouru la digue dans toute sa longueur, elle a constaté ce qui suit :

Depuis la naissance de la digue, jusqu'au pont de la Bégaudière, la levée a perdu de sa largeur et surtout de sa hauteur, par la fréquentation d'un chemin parallèle à la rivière et mal entretenu par la commune de Mont-Dol sur laquelle il se trouve.

Une somme de 1,500 fr. a été votée le 22 juillet 1878, pour consolider la digue en droit de la Lavanderie ; d'autres travaux seront nécessaires en amont de la Bégaudière, mais ils doivent être précédés d'études spéciales qui ne pouvaient nous incomber.

La commission a donc porté spécialement son attention sur la partie de la digue entre le pont de la Bégaudière et le point où la levée cesse pour être remplacée par des champs élevés qui contiennent efficacement la rivière en aval.

Vous comprendrez, Messieurs, qu'il serait bien long de rappeler minutieusement l'état de la digue en droit de chaque pièce de terre, car on compte de 25 à 30 parcelles joignant la digue. La constatation de la largeur de la digue, sur tous les points sera l'objet d'un travail spécial confié à des géomètres, suivant votre décision. Un plan dressé par M. le Conducteur sera le point de départ de ce travail.

Nous avons surtout à rechercher la largeur normale que doit avoir la digue, ensuite les anticipations dont elle aurait été l'objet et le moyen de les réprimer.

Quant aux dimensions de la levée, si nous remontons à l'arrêt de règlement du 27 août 1736, nous voyons que la digue ou *levée* occidentale du biez Guyoul avait été fortement endommagée à cette date et que la Cour avait prescrit les mesures les plus énergiques pour rétablir convenablement la levée. Le travail à faire y est indiqué minutieusement, mais la largeur de la digue occidentale n'est pas fixée; peut-être parce que d'après l'état des lieux, elle était, comme aujourd'hui, irrégulière, mais supérieure, au moins égale aux dimensions de la levée orientale. Or, aux termes de l'arrêt précité, cette dernière digue devait avoir 8 mètres (24 pieds dit l'arrêt), l'importance de la levée occidentale l'emporte sur la levée orientale si on considère l'étendue des terrains qu'elle protège.

Cette largeur minima de 8 mètres, résulte, au reste, de l'état des lieux relevé avec soin dans le plan précité, dressé par M. le Conducteur. On voit que partout où la digue a été respectée, elle présente une largeur moyenne de 7 mètres au moins, et qu'au pied de cette digue il existe une rigole limitant la propriété du Syndicat.

La largeur normale de la digue étant évidente, nous devons relever les atteintes dont elle a été l'objet.

Or, sur plusieurs points non seulement la rigole dont nous venons de parler, a été envahie par les riverains, mais ils ont encore entamé la chaussée pour en porter la terre sur leurs champs : le talus n'existe plus de leur côté et la digue est coupée à plomb, de manière à en compromettre la solidité. Cette voie de fait est récente et ne peut rester impunie. Elle est de nature à compromettre l'existence de cette digue importante d'autant plus vulnérable qu'elle est seulement construite en terre.

Quand on considère l'énorme volume d'eau débité par le Guyoul dans la saison pluvieuse, on peut craindre la plus funeste inondation s'il se produisait dans la digue une fissure qui serait rapidement agrandie.

Vous connaissez trop bien les lieux pour qu'il soit nécessaire d'insister sur un danger aussi réel qu'imminent.

La loi qui nous protège est toujours l'arrêt de règlement de 1736, qui a passé d'ailleurs dans notre règlement. Il est démontré par cet arrêt et par l'état des lieux, que la digue occidentale du biez Guyoul doit avoir une largeur moyenne de 7 à 8 mètres. Il est vrai que sur certains points cette largeur est de 15 à 16 mètres, par exception ; mais, quelle que soit cette largeur, la propriété n'en peut être contestée au Syndicat.

Après avoir constaté les empiétements commis sur la digue qui nous occupe, votre commission a dû examiner le moyen de les réprimer.

En suivant la loi civile, un membre de la commission a pensé qu'au moyen d'un bornage, régulièrement opéré, on obtiendrait la restitution du terrain dont les riverains se sont emparés.

En effet, les champs dont les propriétaires ont respecté la digue peuvent servir de jalons, de repère pour constater les usurpations commises par des riverains moins scrupuleux.

Mais, pour éviter les lenteurs d'une action en bornage qui peut entraîner un débat, il nous a semblé plus expédient d'appliquer simplement notre règlement pour réprimer les abus.

En effet, l'art. 72 de ce règlement est ainsi conçu :

« Les digues intérieures doivent conserver *leurs dimensions* » et être maintenues en bon état.

» Il est défendu d'y enlever de la terre, du sable, des gazons » et d'y causer la moindre dégradation. »

Les infractions à cet article sont, aux termes de l'art. 87 du même règlement, punies d'une amende de 1 à 5 fr., sans préjudice *de la réparation du dommage,* aux termes de l'*art. 91* du règlement.

Le Syndicat recevrait, dans ce système, une satisfaction plus sommaire et aussi efficace que par l'action en bornage.

Ce bornage pourrait d'ailleurs s'effectuer par l'entretien fait avec soin de la rigole existant au pied de la levée.

En parcourant cette digue, la commission a constaté que, sur plusieurs points, les riverains avaient planté des arbres, surtout des peupliers, même sur plusieurs rangs.

Or, la faculté de planter sur les chemins accordée par l'usage et les règlements aux riverains, ne s'étend pas aux digues, propriété exclusive du Syndicat qui, seul, a le droit de les planter. Il y a donc eu abus dans ces plantatons opérées sur un terrain limité par une rigole et qui est en contre-haut des champs d'environ 2 mètres, condition qui ne permet pas de le considérer comme un chemin public.

L'Assemblée ayant décidé que les digues seraient plantées par l'Association, qui en retirera un assez grand avantage dans l'avenir, toutes les plantations faites par des particuliers sur ces digues, doivent disparaître.

Par ces considérations, votre commission vous propose, Messieurs, d'adopter les résolutions suivantes :

1° La digue occidentale du biez Guyoul sera rétablie à sa largeur normale de 7 à 8 mètres.

Pour y parvenir, les anticipations et voies de fait commises sur sa largeur par les riverains, seront constatées par le syndic et le conducteur, assistés des agents du Syndicat ; leur procès-verbal sera notifié aux auteurs des infractions, avec injonction de rétablir les lieux dans leur état primitif, dans le délai qui sera imparti.

Faute aux contrevenants de satisfaire à ces injonctions, ils seront déférés aux tribunaux sous l'inculpation d'avoir enfreint les art. 72, 87 et 91 du règlement du 22 novembre 1851.

2° Tous les arbres existant sur la digue occidentale de la rivière du Guyoul, quelle qu'en soit la largeur, seront déracinés et enlevés dans le délai de six mois, à partir de ce jour ; le terrain qu'ils occupaient sera redressé et aplani par les propriétaires des arbres, à moins que le conducteur, dans l'intérêt de la digue n'ait prescrit de les couper sur souches.

Les conclusions du rapport sont adoptées.

Les conclusions de ce rapport sont adoptées avec cette explication que, quelle que soit la distance qui sépare les champs voisins du biez et la largeur de la levée, toutes les plantations qui s'y trouvent seront supprimées.

M. Pinson donne lecture de son rapport sur la plantation des chemins, biez, canaux et essais.

Rapport de M. Pinson sur la plantation des chemins.

RAPPORT DE M. PINSON

Sur la plantation des chemins, biez et essais.

MESSIEURS,

A votre Assemblée générale du 22 juillet 1878, vous avez nommé une commission pour étudier *à nouveau* la question de la plantation d'arbres sur les chemins, biez et essais dans toute l'étendue de l'enclave. Vous avez composé cette commission de MM. Marie Gasnier, Joseph Pépin, Josseaume, Merdrignac et Pinson.

La mort imprévue de l'honorable M. Josseaume a privé la commission de ses lumières et de sa longue expérience sur des questions de cette nature. Privée avec regret de son membre le plus expérimenté sur une question aussi grave et aussi importante que celle de la plantation des chemins, votre commission a voulu s'entourer de tous renseignements et avis recueillis dans les communes intéressées.

Dans sa première réunion, elle a décidé de consulter officieusement les conseils élus des vingt-deux communes de l'enclave, afin d'avoir leur avis sur l'utilité du maintien ou de la suppression des plantations sur les chemins ruraux. Qui, en effet, peut être meilleur juge dans cette affaire que ces rudes travailleurs, qui passent leur vie au milieu de nos campagnes et qui, tous les jours, sont à même de constater par leur propre expérience les effets avantageux ou nuisibles des plantations sur les chemins de nos marais?

Je vous ai dit, Messieurs, que votre mission était d'étudier à nouveau la question qui vous est soumise. C'est, en effet, une nouvelle étude; car déjà les plantations sur les chemins, biez et essais ont été réglementées et ont fait l'objet de vives discussions au sein de notre Association syndicale.

Sans remonter aux temps antérieurs, permettez-moi de vous rappeler que, le 1er juin 1857, sur le rapport du regretté M. Bossinot-Ponphily, l'Assemblée générale adopta un règlement en huit articles et relatif à la plantation des chemins, biez et essais.

L'art. 2 de ce règlement paraissait surtout défectueux en ce qu'il permettait de planter sur les chemins à 40 centimètres, à partir de la crête du talus des douves et fossés. Des plantations faites dans ces conditions avaient pour résultat de rétrécir de plus en plus les chemins du marais.

En 1862, une commission fut nommée pour reviser ce règlement et par l'organe de M. Robinot-Saint-Cyr, son président, elle proposa de maintenir les plantations sur les chemins qui auraient au moins 7 mètres de largeur, et de les supprimer sur tous les autres chemins.

Cette proposition donna lieu à de très vives discussions à l'Assemblée du 24 juin 1863, et ce fut seulement à la majorité d'une voix (20 contre 19) que le règlement antérieur fut maintenu.

Ainsi que vous le voyez, Messieurs, l'idée de supprimer les plantations avait déjà fait de grands progrès.

Avant la loi de 1836 sur la vicinalité, les habitants de nos marais ne se figuraient pas qu'il fût possible d'empierrer les chemins, à cause de la perméabilité du sol. Les améliorations produites par cette loi ont ouvert les yeux de tout le monde, et aujourd'hui l'amélioration par l'empierrement des chemins ruraux est vivement désirée par tous les habitants de nos marais. C'est le désir d'atteindre ce but qui a déterminé plusieurs membres de cette Assemblée à demander une réglementation nouvelle sur les plantations des chemins.

Avant tout examen, votre commission, par l'intermédiaire de M. le Syndic, a désiré connaître l'avis des communes, et pour vous mettre à même de vous prononcer en pleine connaissance de cause, elle a cru devoir vous mettre sous les yeux l'avis motivé du conseil municipal de chacune des vingt-deux communes de l'enclave.

Sur ce nombre, huit communes se sont prononcées pour le maintien des plantations. Ce sont :

1° Commune de Lillemer :

« Le conseil, après examen sérieux de la question, ne se dis-
» simule pas que les plantations sur le bord des chemins ruraux
» produisent par leur ombrage une cause de retard à l'amé-
» lioration.

» C'est une vérité d'expérience. Mais aussi, en supprimant les
» plantations, on enlève la solidité que les racines des arbres
» donnent aux bords des chemins, la suppression pouvant oc-
» casionner des éboulis.

» Par ces motifs, le conseil est d'avis de maintenir l'ancien
» règlement. »

2° *Châteauneuf :*

« Le conseil, après en avoir délibéré, est d'avis que les arbres » plantés sur les chemins soient conservés, attendu qu'ils em- » pêchent l'éboulement des terres, et par conséquent sont utiles » à la conservation et au bon entretien de ces chemins. »

3° *Plerguer :*

« Le conseil, considérant que les racines des arbres plantés » sur le bord des chemins contribuent à maintenir les terres, » est d'avis de maintenir l'autorisation. »

4° *Saint-Guinoux :*

« Le conseil, après en avoir délibéré, est d'avis de conserver » lesdites plantations. »

5° *Saint-Georges-de-Gréhaigne :*

« Le conseil, après avoir mûrement délibéré, est d'avis de » maintenir les plantations des chemins, voyant que les chemins » plantés sont meilleurs que ceux qui ne le sont pas, et que les » racines soutiennent les talus. »

6° *Saint-Broladre :*

« Le conseil est d'avis : 1° qu'il ne soit fait à l'avenir de plan- » tations que sur les chemins ayant au moins 6 mètres de » chaussée; 2° qu'il ne puisse être fait de plantations qu'en » essence de peupliers ou d'ormeaux, et que ces arbres seront » espacés d'au moins 3 mètres; 3° que les anciennes plantations » soient maintenues provisoirement. »

7° *La Gouesnière :*

« Le conseil, considérant que d'après l'usage des lieux, qui » remonte à une époque très reculée, les riverains ont planté » des arbres sur le bord des chemins des marais;

» Que le fait de ces plantations est d'empêcher le sol de ces » chemins de tomber dans les douves ou creux qui les séparent » des champs, d'arrêter les empiétements des riverains, d'em- » pêcher les voitures de tomber dans les fossés, de consolider les » chemins par l'entrelacement des racines, à défaut de la pierre » qui est rare dans les marais;

» Considérant que si des plantations faites contrairement au » règlement en vigueur ont pu nuire à l'état des chemins et en- » traver la circulation, il ne faut pas conclure d'un abus qui » peut être réprimé, que toutes ces plantations sont nuisibles » aux chemins et doivent disparaître;

» Que, pour la Gouesnière, cette mesure radicale serait nui- » sible aux intérêts de cette commune, qui a des chemins de » 12 à 15 mètres de largeur,

» Est d'avis de maintenir les plantations, sauf à supprimer » les arbres plantés en contravention du règlement. »

8° *La Fresnais :*

« Le conseil municipal, après avoir délibéré, est d'avis que » l'autorisation soit laissée de planter en mettant 2 mètres de » distance entre chaque arbre planté sur le bord des chemins » communaux de l'enclave. »

Quatorze communes se sont prononcées pour la suppression.

1° *Le Vivier :*

« Le conseil, à l'unanimité, demande la suppression com- » plète des plantations sur les chemins des marais, et par contre, » demande qu'il soit permis de planter sur les bords des biez et » des essais pour préserver les berges des éboulements qui ont » lieu chaque année, les arbres empêchant par leurs racines » les chutes de terre qui se produisent par les crues d'eau. »

2° *Baguer-Pican :*

« Le conseil pense que l'intérêt général doit passer avant » l'intérêt privé. La suppression de tous les arbres sur les che- » mins ruraux serait une excellente mesure au point de vue de » la viabilité. Les chemins, mieux aérés deviendraient meilleurs » et d'un entretien facile. Le conseil exprime le vœu, à l'unani- » mité, de la suppression de la plantation de tous les arbres sur » les chemins de l'enclave, sauf l'approbation du conseil » d'hygiène, sous le rapport de la salubrité du pays. »

3° *Saint-Père :*

« Le conseil est d'avis que les arbres à haute tige plantés le » long des chemins sont très nuisibles à l'aération et au bon » état de ces chemins. Cependant, en les supprimant, il con- » viendrait peut-être de les remplacer par une autre plantation » d'arbrisseaux pour garantir les talus et les fossés contre les » éboulements. »

4° *Pleine-Fougères :*

« Le conseil, à l'unanimité, a pensé qu'il conviendrait de sup- » primer les plantations, afin de permettre aux chemins de se » dessécher plus tôt. »

5° *Saint-Marcan :*

« Le conseil est unanime pour que tous les arbres qui sont » plantés sur les chemins communaux et ruraux soient tous » abattus et qu'aucune plantation nouvelle ne soit faite à » l'avenir. »

6° *Dol :*

« Le conseil, considérant que les plantations sur les chemins » et spécialement sur les chemins du marais sont toujours très » nuisibles et rendent même la plupart de ces voies imprati- » cables pendant la saison des pluies, à l'unanimité, est d'avis » qu'une nouvelle réglementation ayant pour effet la suppres- » sion complète de tout arbre à haute et basse tige, sur tous les » chemins de l'enclave, soit mise en application. »

7° *Roz-Landrieux :*

« Le conseil, après avoir délibéré, par huit voix contre six, est » d'avis que les plantations soient entièrement supprimées, » comme préjudiciables aux chemins. »

8° *Saint-Méloir-des-Ondes :*

« Le conseil, considérant que les arbres plantés sur les che- » mins ruraux du marais nuisent à la circulation et contribuent » à rendre ces chemins impraticables, est d'avis que ces plan- » tations soient interdites. »

9° Saint-Benoît-des-Ondes :

« Le conseil est d'avis que les arbres existant sur le bord » même des chemins soient supprimés, sauf à maintenir les » plantations sur les relais et excédents de chemins ruraux » destinés à être vendus. »

10° Hirel :

« Le conseil, considérant que l'état des chemins ruraux de » l'enclave mérite d'attirer l'attention du Syndicat des digues et » marais de Dol; que depuis deux ans, même pendant la saison » d'été, beaucoup de ces chemins sont restés couverts d'eau » dans certaines parties et par suite ont été impraticables toute » l'année;

» Considérant qu'une semblable situation, déplorable sous » tous les rapports et notamment pour la santé des habitants » des communes, ne peut se perpétuer sans être en opposition » avec le progrès qui se manifeste partout pour l'amélioration » des voies de communication;

» Considérant que la plantation des arbres sur les chemins » est nuisible à leur bon état, parce qu'elle empêche l'air et les » rayons du soleil d'y pénétrer largement;

» Considérant en outre qu'il arrive fréquemment, ainsi qu'on » peut le constater sur presque tous les chemins ruraux, que » les plantations faites sur les pièces de terre voisines ne sont » pas toujours perpendiculaires; que souvent elles sont in- » clinées sur les chemins d'une façon nuisible;

» Est d'avis, à la majorité moins deux voix, de supprimer » complètement les plantations sur les chemins ruraux, et de » faire également supprimer les plantations sur les terres voi- » sines et qui inclinent sur les chemins. »

11° Cherrueix :

« Le conseil, considérant que l'ombrage est nécessairement et » toujours une cause de dégradation pour les chemins, vote » à l'unanimité pour la suppression complète et entière de » la plantation. »

12° Roz-sur-Couesnon :

« Le conseil, après avoir entendu lecture de la lettre du
» syndic, a déclaré que la plantation des arbres dans les marais
» nuisait considérablement à la bonne viabilité des chemins et
» qu'il s'y opposait. »

13° Mont-Dol :

« Le conseil est d'avis, à l'unanimité des membres présents,
» qu'il soit expressément défendu qu'aucun arbre soit planté
» sur les chemins et que ceux même qui existent actuellement
» soient abattus. »

14° Miniac-Morvan :

« M. le Maire écrit qu'il a consulté officieusement plusieurs
» conseillers municipaux et constaté qu'il n'existait pas de plan-
» tation sur les chemins ruraux de Miniac compris dans l'en-
» clave des digues et marais. »

Tel est, Messieurs, le résultat de l'enquête administrative sur la question qui vous est soumise. Nous avons copié textuellement les délibérations, en leur conservant leur tournure originale. Quatorze communes, sur vingt-deux, se sont prononcées pour la suppression des plantations en donnant toutes pour motif que ces plantations nuisent au bon état des chemins.

Si l'on envisageait cette question à un point de vue autre que celui de l'amélioration des chemins, on trouverait de bonnes raisons pour maintenir les plantations. Ces raisons, du reste, ont été développées dans le remarquable rapport de M. Bossinot-Ponphily, inséré à la page 403 du deuxième volume de nos annales.

Mais ce qui préoccupe aujourd'hui les habitants de nos marais, c'est le mauvais état de nos voies de communication. Ils sont prêts à faire tous les sacrifices nécessaires pour améliorer cette situation. C'est l'intérêt de l'agriculture et aussi de la salubrité du pays. Un mauvais chemin presque constamment couvert d'eau devient vite un cloaque d'eau stagnante qui empeste l'air et contribue au développement des fièvres paludéennes, si communes et si pernicieuses dans nos contrées.

Faire de bons chemins, tel est aujourd'hui le but à atteindre, et votre commission, d'accord en cela avec la majorité des conseils électifs de l'enclave, est d'avis d'assimiler les chemins ruraux aux chemins dits vicinaux, en supprimant absolument les plantations d'arbres de toute nature sur les chemins de l'enclave.

Si, en nous conformant à l'avis de la majorité des conseils municipaux des communes, nous avons décidé de vous proposer la suppression des plantations sur les chemins, nous croyons, au contraire, qu'il est utile de maintenir les plantations d'arbres sur les biez, essais et cours d'eau. Nous devons même les encourager.

Il est démontré, en effet, par l'expérience que les plantations sur le bord des cours d'eau, loin de nuire à la berge, la rendent, au contraire, plus solide. Les racines, en s'étendant au loin, empêchent les éboulements de se produire et maintiennent le glacis des biez, canaux et essais. Ces plantations, faites d'une manière réglée, ne peuvent nuire au travail de curage qui doit se faire deux fois chaque année.

En conséquence, nous avons l'honneur de proposer à votre acceptation le projet de règlement suivant :

Art. 1er. — Toute plantation d'arbres est interdite sur les chemins ruraux communaux de l'enclave.

Art. 2. — Toute plantation actuellement existante devra être supprimée d'ici le délai de deux ans.

Art. 3. — Tout arbre, même planté sur les terres voisines et qui s'incline sur le chemin ou même sur la partie du fossé appartenant au chemin, devra être rescindé ou abattu.

Art. 4. — Il est permis aux propriétaires voisins de planter sur leurs propriétés joignant les biez, essais et cours d'eau classés, tous les arbres que bon leur semblera, à la condition que la plantation soit faite à une distance d'au moins vingt-cinq centimètres de la crête du biez.

Art. 5. — Les arbres plantés seront espacés de quatre mètres sur le rang, et ils seront émondés tous les trois ans, dans la même année, dans tout le marais.

Art. 6. — Les contraventions au présent règlement seront poursuivies devant les tribunaux de simple police et passibles d'une amende de 1 à 5 fr., conformément à l'art. 471 du Code pénal.

Hirel, le 1er juillet 1879.

Pinson.

Observations sur le rapport.

M. de Kergariou (Guillaume) fait remarquer, après la lecture du rapport, que l'avis des conseils élus dans chaque commune se divise en deux catégories distinctes : que toutes les communes, situées dans les hauts marais ou terres blanches, sont favorables à la suppression; qu'au contraire, les terres noires ou bas marais demandent le maintien des plantations. Il y a donc deux intérêts distincts; il doit y avoir division. Pourquoi forcer les communes à abattre leurs arbres, celles surtout qui ont intérêt à la conservation des plantations? Il serait imprudent de supprimer, dans l'espace de cinq ans, toutes les plantations dans les chemins du marais. Il en résulterait de graves préjudices, notamment pour la commune de la Gouesnière, qui a des chemins larges et spacieux, sur lesquels les plantations ne sont pas nuisibles.

M. Dupuy fait observer que M. de Kergariou fait erreur. Les communes de Roz-Landrieux et Saint-Père sont dans les marais noirs et sont cependant favorables à la suppression des plantations.

M. Richard, notaire, trouve la mesure proposée trop radicale. Il demande qu'on y apporte un certain tempérament.

M. Hoüitte fils. — Huit communes, dit-il, demandent le maintien; quatorze demandent la suppression. Que les communes fassent leur réglementation, suivant leurs intérêts, et que la mesure ne soit pas générale.

M. l'amiral Véron déclare, qu'à son point de vue, le conseil municipal de Roz-Landrieux ne représente pas absolument les intérêts de la portion de la commune située dans les marais; qu'ils n'y sont pas tous propriétaires; que les arbres maintiennent la crête des chemins; que M. de Castellan ayant abattu un rideau d'arbres sur le chemin du milieu, sur plusieurs points la rive du chemin s'est éboulée dans le biez; que sur le chemin nº 94 d'intérêt commun, sur sa propriété, il a maintenu les plantations d'ormes; que là aucun éboulement ne s'est produit; tandis, qu'au contraire, sur les points où les arbres ont été abattus, il s'est produit, cette année, de nombreux éboulements.

M. Genée est d'avis que la réglementation soit divisée; que sur les points habités et qu'il appelle *bocages*, les plantations sur les chemins sont nuisibles et qu'elles doivent être supprimées; qu'au contraire, dans les Rosières et Bruyères, dits marais noirs, les plantations sont utiles et doivent être maintenues.

M. Mainsard dit qu'on parle souvent d'amélioration des chemins par l'empierrement, mais qu'on a consulté les communes dans une mauvaise année; les pluies abondantes ayant maintenu les chemins presque constamment en mauvais état. Cette situation fâcheuse avait influé sur la décision des conseils municipaux.

M. Dupuy demande à qui est la propriété des chemins, aux communes ou bien à l'Association? Ils appartiennent aux communes. Donc les particuliers plantent sur un terrain qui ne leur appartient pas. Si jusqu'ici les plantations ont été tolérées, c'est par cette raison que le propriétaire voisin était tenu au redressement des chemins; qu'aujourd'hui ce motif n'existe plus, puisque l'administration s'est chargée du redressement. Il n'en est pas ainsi sur les cours d'eau. Le propriétaire plante sur sa propriété. Il estime donc que la plantation doit être supprimée sur les chemins et maintenue sur les cours d'eau.

M. Hovius demande où sont les titres de propriété des chemins; qui pourra dire : tel chemin est à la commune; tel chemin est aux particuliers? Qui indiquera aux agents de l'administration les chemins sur lesquels les plantations devront être supprimées? Il pense que la solution proposée est pleine de difficultés sous ce rapport.

M. Pinson fait observer à M. Hovius que, s'il était plus au courant des affaires municipales des communes de l'enclave, il saurait qu'en 1822, par ordre du Gouvernement, un tableau a été dressé dans chaque commune, indiquant l'importance, la longueur et le classement des chemins ruraux communaux; que cette pièce se trouve ou doit se trouver dans toutes les mairies; que, depuis longtemps, les agents de l'administration syndicale, en exerçant chaque année la surveillance pour le redressement, connaissent parfaitement les chemins sur lesquels s'exerce leur surveillance; qu'il ne pouvait y avoir aucune difficulté sous ce rapport; que sur ce tableau, on ne trouvait aucun chemin dans les marais noirs ou Bruyères, par cette raison toute simple, qu'à cette époque, ces marais se trouvaient presque constamment couverts d'eau et qu'on ne les parcourait qu'en bateau; que si, depuis les travaux de dessèchement de l'Association, ces terrains étaient devenus productifs, les quelques propriétaires à qui ils appartenaient les avaient divisés par de larges voies de communication, appelées *cordons;* mais qu'ils étaient leur propriété et que c'est pour cela que l'administration n'y exerçait aucune surveillance; que M. l'amiral Véron doit le savoir d'autant mieux que sa famille avait fait clore depuis longtemps le cordon partant de la Metterie et se rendant à Cardequin, et sans que la commune ait élevé aucune réclamation.

Après quelques observations de MM. La Chambre, Christian de Kergariou et autres, les conclusions du rapport ayant été mises aux voix, dix-sept se sont prononcées pour l'adoption et dix-sept contre.

En conséquence, l'Assemblée décide que la solution sera renvoyée à l'année prochaine.

Solution renvoyée à l'année prochaine.

Dénoiement des Bruyères et des Rozières. — L'Assemblée décide de suivre l'ordre du programme.

M. l'amiral Véron, étant contraint de s'absenter, demande qu'on mette en délibération le travail projeté pour le dénoiement des Bruyères et Rosières. Il pense que si la demande était faite au Gouvernement, au nom du Syndicat, elle pourrait aboutir. Il croit que le Gouvernement serait disposé à accueillir la demande; que si le travail était fait par le Syndicat, on obtiendrait des travaux publics un puissant concours en argent; qu'il a acquis cette conviction, lorsqu'il s'est occupé de cette question au ministère des travaux publics.

Malgré le désir d'être agréable à l'honorable membre, l'Assemblée décide de continuer ses travaux dans l'ordre indiqué au programme.

Rapport de M. Venel sur les travaux à effectuer à la Sauvagère et à la Ville-ès-Jarrets.

M. Venel donne lecture de son rapport sur les travaux à faire au chemin de la Sauvagère :

A Messieurs les Membres du Conseil administratif du Syndicat des digues et marais de Dol.

MESSIEURS,

Éboulis de la Sauvagère en la Gouesnière et de la Ville-ès-Jarrets, en Hirel.

Appelé par votre délibération du 12 mai dernier, avec MM. Pinson, Pépin, Lemarié et Maltouche, à faire partie d'une commission ayant pour mission d'examiner une demande de crédit de 1,400 fr., destiné à la construction de deux perrés, près le pont de la Ville-ès-Jarrets, sous le bourg de Vildé-la-Marine et près la ferme de la Sauvagère, en la commune de la Gouesnière, nous nous sommes transportés, à l'exception de M. Lemarié, qui ne répondit pas à l'invitation qui lui en fut faite par notre syndic, le lundi 24 juin dernier, sur les lieux, et je fus chargé de vous rendre compte du rapport de notre commission.

Nous constatâmes qu'il y a urgence, en raison du danger que court le mur du jardin de M. Pied, de faire un perré à la hauteur de celui qui existe déjà auprès du pont de la Ville-ès-Jarrets.

En ce qui concerne les éboulis existant à la Sauvagère, nous avons aussi été unanimes à reconnaître la nécessité de faire, non des perrés, à cause de la grande dépense que cela occasionnerait, mais bien un travail de pilotis ou pieux avec fascinage de bois vert, comme cela se fait habituellement pour retenir les terres, celles qui nous occupent sont de leur nature très friables, et plus encore par suite des pluies incessantes que nous avons depuis près de deux ans. Nous avons du rechercher la cause qui produit ces éboulements assez fréquents aux environs de la Sauvagère, et avons constaté un commencement d'empierrement sur une longueur d'environ 60 mètres, sur le chemin qui a du être dressé au préalable; malheureusement il n'a pas été procédé à l'abatage d'une rangée de saules qui le bordent dans toute la partie occidentale. Nous avons constaté que les éboulements doivent être attribués à l'égouttement de ces saules plantés sur l'extrême limite des pièces de terre, séparées du biez par le chemin conduisant à la Goglinais; ces saules, en pleine venue, peuvent avoir de 25 à 30 ans, sont très rapprochés les uns des autres et couvrent de leurs branches plus de la moitié du chemin, qui reçoit encore toutes les eaux des champs adjacents vers l'ouest.

Nous avons pensé, Messieurs, qu'il est de toute nécessité de faire faire l'abatis de ces arbres, en conformité de l'art. 5 du règlement spécial aux plantations des chemins ruraux, adopté par l'Assemblée générale dans sa séance du 1er juin 1857 et approuvé par M. le Préfet, deuxième volume des procès-verbaux, page 395, ainsi conçu :

« Toutefois, les plantations qui seraient reconnues nuisibles » à l'écoulement des eaux et à la conservation des chemins » seront supprimées, sans indemnité pour les propriétaires, » d'après décision de la commission administrative des digues » et marais, rendue sur le rapport du syndic et sur l'avis du » conducteur des travaux de l'Association. »

Ayant appris sur les lieux que les choses n'étaient pas actuellement en leur ancien état et qu'il avait existé une douve entre le chemin et les biens appartenant à M. Nantel, nous nous rendîmes, en compagnie de M. le Maire de la Gouesnière, à la mairie de cette commune où nous constatâmes, sur le plan du cadastre, dont un calque nous a été remis depuis par le conducteur de nos travaux, qu'une douve d'environ 1m50 de largeur existait tout le long de la pièce de terre portant le n° 283 du cadastre, se prolongeait jusqu'au bout méridional de cette pièce de terre prenant la direction de l'ouest, c'est-à-dire opposée au biez Jean.

Cette douve a été comblée et l'espace qu'elle occupait mis en culture, ce qui n'a pas empêché les précédents propriétaires de planter les saules existant actuellement.

Il résulte de ce changement que les eaux qui s'écoulaient par cette douve sont sans autre issue que le biez, détrempant le chemin et contribuant, dans de larges proportions, aux éboulis que l'on constate depuis un certain nombre d'années le long de ce chemin.

Les précédents détenteurs de la Sauvagère ont bâti depuis la confection du cadastre, sans autorisation préalable vraisemblablement, une étable au bout oriental de la maison, construction qui a sensiblement diminué la largeur du chemin en droit de ce bâtiment, ce qui a déjà nécessité la construction, à grands frais, d'un perré assez considérable édifié aux frais du Syndicat.

En vous reportant à la copie du plan ci-annexée, vous verrez, Messieurs, que le chemin avait anciennement une largeur d'environ 7 mètres en droit de la maison à la suite de laquelle était construit un petit bâtiment ou retraite à porcs faisant retrait dans l'angle méridional du terrain dans lequel se trouve la maison.

En l'état, Messieurs, et vu l'avis à ce conforme de MM. les Syndic et Conducteur, votre commission a été d'avis qu'il y a lieu de faire procéder immédiatement à l'abatis des saules plantés le long du chemin, ce qui donnera de l'air au chemin et lui permettra de sécher, tout en lui donnant 75 centimètres environ ou moitié environ de l'ancienne douve de plus de largeur. Si ce premier élargissement était insuffisant, il y aurait lieu de s'entendre avec le propriétaire actuel, étranger aux anticipations que votre commission a constatées, pour donner plus d'étendue audit chemin.

Il y a lieu de supposer qu'il s'y prêterait d'autant plus facilement que si le Syndicat et la commune usaient de leur droit, ils pourraient exiger que l'étable bâtie sur le chemin fût abattue et reportée dans les limites du cadastre, la prescription des chemins ne s'acquérant pas au profit de l'occupant, quelle que soit d'ailleurs la durée de l'occupation.

Tels sont, Messieurs, les renseignements que la commission que vous avez désignée avait pour mission de vous faire connaître.

Saint-Malo, le 25 juin 1879.

VENEL.

Observations de M. Hoüitte de la Chesnais et de M. de Kergariou.

M. Hoüitle de la Chesnais expose que le biez, dont il s'agit, est le biez Jean; qu'il a été considérablement élargi, il y a de longues années; que par suite de cet élargissement, il a surgi des sources qui sont cause des éboulements; qu'il est de jurisprudence au Syndicat que, si par suite des travaux faits, un préjudice est causé à quelqu'un, l'Association est tenue à le réparer. Si vous admettez le principe, ajoute-t-il, vous devez en déduire les conséquences. Déjà, vous avez voté une subvention pour continuer le perré commencé, et par mesure d'économie, on s'est borné à faire un travail de fascinage. Cette opération a été insuffisante et de nouveaux éboulements considérables se sont produits l'hiver dernier. Un perré est donc nécessaire. Déjà une semblable construction a été faite en face de la maison de la Sauvagère, et pour obvier à de nouveaux accidents, il est nécessaire de continuer ce travail, dont la dépense ne sera pas considérable.

M. de Kergariou (Guillaume). — J'étais sur les lieux avec les membres de la commission. Nous avons constaté que le lit de l'ancien biez était beaucoup moins grand; que le chemin était beaucoup diminué par suite des travaux et des éboulements; que pour l'élargir, on ne pouvait traiter qu'amiablement avec le voisin; qu'il n'avait fait d'empiétement qu'en face de la maison où se trouve un perré maçonné; que ce perré devait être continué jusqu'au tournant, pour faire un travail sérieux; que les fascinages glissent facilement et disparaissent; que pour traiter amiablement avec le propriétaire voisin pour l'élargissement du chemin, il eût été prudent d'user envers lui de certains ménagements; qu'au lieu de cela, on avait dressé contre lui un procès-verbal pour défaut d'émondage d'arbres; qu'aujourd'hui, le propriétaire mécontent ne céderait pas. Pouvez-vous l'exproprier? Si non, vous devez réparer le dommage causé par le fait de l'Association.

Observations du Rapporteur.

M. Venel, rapporteur. — La commission a constaté que la cause du mal était due à l'étroitesse du chemin, aux saules qui l'ombragent dans toute sa longueur, à la suppression de la douve ou rigole de desséchement, qui se trouvait à l'occident du chemin. Cette douve recevait les eaux et les conduisait au biez. Aujourd'hui elle tombe sur le chemin, le détrempe et contribue à l'éboulement du glacis du biez. Qu'on fasse exécuter le règlement; qu'on fasse refaire la rigole et si cela ne suffit pas, il sera temps de revenir sur la question. L'élargissement du biez Jean a été fait en 1840. Conséquemment, les éboulements de cette année ne peuvent pas être attribués à ce travail. Les frais de construction de perré seront très dispendieux; les travaux faits l'année dernière l'ont été d'une façon trop économique. Les pieux étaient beaucoup trop courts. S'ils eussent eu un mètre de plus de longueur, les accidents ne se seraient pas produits.

Observations de MM. Rouxin et La Chambre.

M. Rouxin. — Deux moyens de solution sont proposés : rétablissement de la rigole, fascinage sur les glacis ou construction d'un perré. Si le propriétaire résiste, nous sommes en droit de le contraindre.

M. La Chambre demande l'avis du conducteur.

M. Salzard croit que les travaux faits l'année dernière l'ont été dans de bonnes conditions, qu'il faut des instruments spéciaux pour enfoncer des pieux d'une plus grande longueur. Il estime le travail en perré à faire à 300 mètres au moins. Il avait calculé pour cette année 100 mètres seulement devant coûter 1,700 fr.

M. le Président met aux voix les conclusions du rapport qui sont adoptées à la presque unanimité.

Les conclusions du rapport sont adoptées.

MM. Dupuy et l'*amiral Véron* déclarent qu'après avoir procédé à la vérification des comptes du caissier central, ils les ont trouvés réguliers.

Comptes du Receveur central trouvés réguliers.

M. le Syndic donne lecture de son rapport :

RAPPORT DU SYNDIC

Rapport du Syndic.

A Messieurs les Membres du Conseil administratif et de l'Assemblée générale.

MESSIEURS,

Si, jusqu'ici, j'ai considéré comme un devoir pour moi de rappeler à votre souvenir ceux de vos collaborateurs que la mort avait enlevés à votre estime et à vos sympathies, je manquerais moins que jamais aujourd'hui à cette obligation, à l'occasion de la mort de votre honorable et éminent collègue, M. Josseaume, juge de paix de Dol et député de Mont-Dol, qui fut toujours considéré tant à cause de ses profondes connaissances, que par son expérience consommée et son entier dévouement aux intérêts de l'Association, comme l'un des membres les plus utiles et les mieux autorisés du Syndicat, dont il fit partie pendant près de trente années et auquel il rendit les plus importants services.

Hommage à la mémoire de M. Josseaume.

Permettez-moi donc, Messieurs, de m'associer avec vous aux regrets universels et si bien mérités que cet honorable magistrat a emportés dans la tombe.

Inondations. Vous avez été, Messieurs, pour la plupart d'entre vous, témoins de la déplorable situation des marais bas pendant l'hiver dernier, situation causée par des inondations tout à fait exceptionnelles, et par leur importance et par leur durée.

Ces inondations commencèrent le 12 novembre dernier et ne cessèrent que vers le 15 mars suivant; c'est-à-dire que, pendant quatre mois entiers, les eaux se maintinrent à un niveau excessivement élevé et occupèrent complètement toute la partie occidentale des marais bas.

Néanmoins, après la disparition de cette énorme masse d'eau, il resta une certaine étendue de terrain avoisinant les communes de Roz-Landrieux, Lillemer et Châteauneuf, terrain naturellement très-bas et ayant subi de plus, une dépression notable par suite de l'écobuage, où l'eau est demeurée jusqu'à la fin du mois dernier.

Quant à la partie orientale du marais, elle n'a guère été plus épargnée. Le Pont-Labbat, notamment, s'est trouvé inondé et dénoyé à trois reprises successives, mais l'inondation dans cette partie, de même que sous Saint-Broladre, était complètement et définitivement terminée vers la fin de février.

Voici les différents niveaux qui ont été pris au moment de la plus grande élévation des eaux, dans tous les endroits les plus bas du marais :

1° Sur la levée de Châteauneuf, de même que dans les prés de Lessard, la hauteur de l'eau était de 1m 35;

2° Sur le seuil d'une maison appartenant à M. de Kergariou, et située au milieu des rosières de Saint-Guinoux, cette hauteur était de 1 mètre ;

3° Sur le Pont-aux-Bêtes, en Lillemer, de 0m 56;

4° Sur le chemin vicinal de Plerguer à Saint-Guinoux, de 0m 80;

5° Sur le chemin de Feudeuil, au biez des Peupliers, de 0m 20, et du biez des Peupliers au coteau de Roz-Landrieux, de 0m 50;

6° Enfin, dans le Pont-Labbat, sous le pont du chemin de fer qui traverse le chemin Vert et qui est un des points les plus bas, la hauteur de l'eau était de 0m 80 environ ; et sur le chemin vicinal de Dol à Cherrueix, qui fut couvert sur une longueur de 200 mètres, il se trouvait de 0m 25 à 0m 30.

Par suite de cette crue anormale qui a été la plus considérable de toutes celles dont on a gardé le souvenir, il est résulté que les digues, créées dans le but d'empêcher le passage des eaux, d'une partie dans une autre, ont été insuffisantes, ce qui n'avait point encore été observé par les personnes même les plus âgées du pays.

Je citerai notamment la levée des Perches, par-dessus laquelle l'eau a déversé sous le bourg de Lillemer, dans deux endroits différents, sur une étendue de près de 400 mètres et s'est répandue dans les bruyères de Roz-Landrieux où l'écoulement se fait, comme vous le savez, avec beaucoup de difficulté et de lenteur.

Cet état de choses n'a pas duré plus de cinq ou six jours, parce que l'on est parvenu, au moyen de pierres et de foin réquisitionnés à défaut de terre convenable, sinon à empêcher totalement l'eau de passer, ce qui n'était pas possible, du moins à l'intercepter dans de très grandes proportions.

Sur un espace de 150 mètres environ, la lame d'eau qui a passé avait une hauteur de 30 centimètres environ.

Par ailleurs, les eaux pénétrèrent par les interstices de cette digue, entièrement construite à pierres froides, et dont une partie est beaucoup trop faible et de mauvaise nature.

Levée des Perches. — Nécessité de la reconstruire.

Il est donc indispensable que cette levée, d'une très grande importance, soit refaite dans les meilleures conditions de solidité possibles. Il est de mon devoir d'appeler votre attention toute particulière à cet égard.

Exhaussement de la levée occidentale du biez Guyoul.

Il conviendrait aussi que l'on exhaussât sur différents points la levée occidentale du biez Guyoul, à l'occasion de laquelle vous avez nommé une commission l'an dernier.

Cette levée est en très mauvais état, depuis le moulin de M. Follen au pont de Chanteloup; aussi est-ce avec beaucoup de peine qu'on a pu empêcher l'eau de la surmonter en plusieurs endroits.

Si par nos efforts nous avons au moins obtenu un heureux résultat pour ce qui est de cette digue, il n'en a pas été ainsi pour la levée de ceinture, aux Tandières, à l'extrémité de laquelle les eaux qui provenaient du débordement du biez Guyoul, refluant jusque sous les premières maisons du faubourg de l'Abbaye, passèrent au travers des haies servant de clôture aux jardins, et pénétrèrent avec abondance dans la bruyère, entraînant tous les obstacles que l'on avait formés pour s'opposer à leur passage.

Tels sont, en résumé, Messieurs, les détails principaux de cette désastreuse inondation dont les causes vous sont parfaitement connues. Elle n'en a pas eu d'autres, en effet, que l'excessive abondance des pluies et l'insuffisance des débouchés à la mer.

Je puis vous affirmer qu'en ce qui est de nos obligations, nous nous sommes efforcés de les remplir de notre mieux, et que tous les moyens propres à atténuer la gravité du mal ont été employés dans la mesure du possible. La surveillance la plus active n'a pas cessé d'être exercée sur tous les canaux qui, je tiens à le dire en passant, avaient été mis en bon état, et dans lesquels tous les obstacles qui pouvaient en entraver le cours furent enlevés au fur et à mesure de leur formation.

Enfin, Messieurs, si de tels désastres sont une exception à la règle ordinaire, il n'en est pas moins vrai que depuis quelques années les marais subissent des inondations plus ou moins importantes.

Cette situation, si elle devait se perpétuer, en compromettrait grandement l'avenir. Elle appelle, conséquemment, des réformes dans le système de dénoiement actuel que vous reconnaissez comme défectueux et insuffisant.

Réclamation de divers habitants de Dol, relatives aux inondations.

A l'occasion de l'inondation qui eut lieu aux Tandières entre Dol et l'Abbaye, M. le Sous-Préfet m'adressa, dans le mois de décembre dernier, un dossier renfermant deux réclamations de divers habitants de Dol, tendant à obtenir du Syndicat des mesures de préservation pour l'avenir.

A ces réclamations était joint un rapport de M. l'Ingénieur

ordinaire des ponts et chaussées, signalant le pont Follen comme insuffisant dans sa section, et demandant le curage et l'exhaussement des berges du biez Guyoul en amont du pont de l'Archevêque.

Après avoir pris copie de ces pièces, je répondis à M. le Sous-Préfet, en lui retournant les originaux, que je vous soumettrais ces réclamations à vos prochaines réunions et que je lui ferais connaître votre décision, ainsi qu'il me le demandait. Je crus, néanmoins, devoir lui faire remarquer en attendant, que le rapport de M. l'Ingénieur n'était pas assez précis; qu'ainsi il indiquait, comme une des causes de l'inondation, le défaut de curage du biez Guyoul, sans préciser les points où ce curage n'avait point été fait; qu'il pouvait en être ainsi en dehors des limites du Syndicat, et alors c'était à la commune de Dol qu'incombait la charge de ce curage, mais que, quant à la portion du biez qui regarde l'Association, elle avait été parfaitement curée, ainsi que cela se pratique tous les ans.

Ce rapport contenait en outre, le reproche à l'Association de n'avoir point mis à exécution les propositions de M. Vossier, en 1865, d'après lesquelles le pont Follen devait être supprimé, comme faisant obstacle au libre cours des eaux.

Je priai M. le Sous-Préfet de vouloir bien se reporter à cet égard à la page 182, troisième volume, de nos procès-verbaux, où se trouve le rapport d'une commission nommée à l'effet d'examiner ce qu'avaient de fondé les indications de M. l'Ingénieur.

Quoique cette affaire ait été déjà examinée par l'Assemblée, en 1866, et ait reçu la solution qu'elle comportait, vous aurez néanmoins, Messieurs, à examiner ces nouvelles réclamations dont je vous donnerai lecture en même temps que des autres demandes, afin que je puisse transmettre à M. le Sous-Préfet la décision qu'il réclame.

Redressement des chemins.

En ce qui regarde maintenant le redressement des chemins ruraux communaux du marais dont l'entretien est actuellement à la charge de l'Association, j'ai le regret de vous dire que le résultat obtenu pour la première fois, a été loin d'être satisfaisant.

Par suite du mauvais temps, l'état de ces chemins ne permit pas de commencer les travaux avant le mois de juillet. Après avoir pris l'avis de MM. les Maires, on commença par les chemins les plus fréquentés et qui avaient le plus besoin de réparation. Tous les creux qui les rendaient impraticables furent comblés de façon à faciliter aux cultivateurs l'enlèvement de leurs récoltes qui se trouvaient compromises.

Mais peu de temps après, les pluies étant revenues et tombant sur un sol nouvellement remué, l'état de ces chemins devint plus mauvais qu'il ne l'était avant les travaux que l'on fut forcé d'abandonner. Le total de la dépense faite s'est élevé à 1,900 fr. environ.

Il faut espérer cependant que, cette année, la saison nous permettra d'employer d'une manière plus fructueuse notre temps et notre argent.

M. le Préfet ordonne la répartition des 22,000 fr. votée par l'Assemblée, d'après les bases ordinaires.

M. le Préfet m'ayant demandé si, en votant la somme de 22,000 fr. portée au budget de 1879, MM. les Députés avaient entendu que la répartition de cette somme fût faite d'après les bases actuelles, ou s'il convenait, au contraire, d'attendre que les résolutions de l'Assemblée, concernant une nouvelle péréquation de l'impôt, eussent reçu la sanction de l'administration, je répondis à M. le Préfet, après en avoir conféré avec M. le Président, que le vote de l'Assemblée du 11 mars dernier, sur la nouvelle péréquation de l'impôt, était un vote positif et acquis; que, conséquemment, l'Assemblée, dans sa séance du 22 juillet, n'avait pas à revenir sur ce vote; que c'était donc à lui de se prononcer, soit par une homologation pure et simple de la délibération du 11 mars, soit en prescrivant la répartition des 22,000 fr., conformément à cette décision, ce qui ne serait qu'une autre forme d'homologation.

Je terminais ma lettre en faisant savoir à M. le Préfet que cette question ne pouvant être, du reste, résolue que par l'Assemblée, j'étais tout disposé à la convoquer extraordinairement, s'il le désirait.

Quelque temps après, M. le Préfet m'écrivit qu'il avait pris un arrêté par lequel il ordonnait purement et simplement la répartition des 22,000 fr., d'après les bases adoptées jusqu'à ce jour, disant qu'il ne lui appartenait pas de modifier ces bases, tant que M. le Ministre des travaux publics, à qui avait été soumise la question de nouvelle péréquation ne se serait pas prononcé ; mais que cette question qui était à l'étude serait probablement résolue dans le courant de l'année, de manière que la décision du Syndicat pourra recevoir son exécution, s'il y a lieu, à partir du 1er janvier 1880.

Aucune résolution n'a encore été prise jusqu'à présent, ainsi que j'en ai été avisé par M. le Préfet qui, en réponse à ma demande du 17 avril dernier, m'a fait savoir que M. l'Ingénieur en chef des ponts et chaussées que l'on a consulté sur le projet de modification des bases de l'impôt, n'a point fait parvenir son rapport, mais qu'il va lui rappeler l'affaire et l'inviter à en hâter l'instruction.

Vente des lais de l'ancien lit du Couesnon. — Droit de préemption.

Au mois d'octobre dernier, M. le Conducteur des travaux du Syndicat me remit une lettre de M. Saint, conducteur des ponts et chaussées à Pontorson, par laquelle celui-ci lui annonçait officieusement, que l'administration des Domaines devait prochainement procéder à la vente des lais de l'ancien lit du Couesnon, en amont du barrage, sur la mise à prix de 2,750 fr. l'hectare, le priant qu'on lui fît connaître si l'Association entendait user de son droit de préemption (D'après les indications de M. Saint, la surface du terrain à vendre en Bretagne est de 1 hectare 27 ares, dans la partie comprise entre le pont de la Criche et le barrage en aval).

Après avoir pris l'avis de M. le Président, je convoquai extraordinairement le Conseil administratif pour qu'il examinât la question, mais les membres présents n'étant pas en nombre suffisant pour délibérer, aucune décision ne put être prise et je dus aviser M. le Conducteur des ponts et chaussées qu'aucune réponse ne pourrait lui être donnée avant les réunions ordinaires.

Nous avons eu récemment, M. Salzard et moi, une entrevue avec M. Saint, qui nous a fait connaître que l'administration des Domaines attendait toujours que vous vous soyez prononcés pour fixer le jour de la vente.

Vous aurez donc à examiner, Messieurs, s'il y a intérêt pour le Syndicat à faire l'acquisition des terrains dont il s'agit.

Autorisation accordée aux habitants du Vivier de prendre du sable de grève.

M. le Préfet m'ayant communiqué, en me priant de donner mon avis, un rapport de M. l'Ingénieur du service maritime, joint à une délibération du conseil municipal du Vivier, demandant l'autorisation pour les habitants de la commune, de prendre du sable dans la grève pour assainir les cours et les passages du bourg, je lui répondis que, du moment où il s'agissait de la salubrité publique, le Syndicat ne s'opposerait pas à cet enlèvement, en tant qu'il fût accompli dans les conditions de temps, de lieu et de quantités, déterminés par le rapport de M. l'Ingénieur et sous la surveillance des services intéressés.

Vente de pommes de terre au Vivier. — Ensemencement de la sûretière en blé froment.

Afin, comme je vous le disais l'an dernier, de laisser au sol de la sûretière du Vivier, qui se trouvait épuisé, le repos qui lui était nécessaire, nous le fîmes engraisser et ensemencer en pommes de terre. Le produit en a été vendu et le prix de cette vente s'est élevé à la somme de 102 fr. 35.

Nous avons, cette année, fait ensemencer ce même terrain en blé froment, dont la récolte sera vendue sur pied aux enchères publiques.

Vente d'arbres au Vivier.

D'après votre autorisation, j'ai fait vendre par le ministère de Me Planson, notaire, les arbres que l'Association possédait au Vivier, sur le bord du chemin vicinal, depuis le pont d'Angoulême à la Grosse-Roche.

La vente en a été faite aux enchères publiques et le prix de cette adjudication a donné la somme de 325 fr.

Nous avons, en outre, vendu pour la somme de 77 fr., treize tronçons de frênes et un lot de fagots provenant de l'émondage et abatage de quelques arbres destinés à faire des piquets pour soutenir les berges des biez, dans lesquels il s'était produit de nombreux éboulements.

Les baux de MM. Lefas et Guillory qui étaient expirés, ont été renouvelés suivant vos indications : le premier, pour le prix annuel de 60 fr. et le second, pour celui de 12 fr.

Renouvellement des baux Lefas et Guillory.

Malgré toutes les démarches faites dans le but de louer dans la commune de Roz-sur-Couesnon un terrain convenable pour y créer, suivant votre désir, une sûretière de peupliers, il n'a pas été possible de trouver jusqu'à présent, ce qui pourrait convenir pour cet usage, mais nous continuerons nos recherches cette année.

Affaire Ollivier.

A la date du 8 avril dernier, le sieur Ollivier, fermier du Syndicat, m'assigna à comparaître devant M. le Juge de paix du canton de Dol, à l'effet d'obtenir la décharge du prix de la dernière année de son bail, par ce motif qu'il avait été constamment troublé dans sa jouissance par M. le Maire de la Fresnais, et qu'il n'avait pu rien récolter.

Ollivier réclamait, en outre, la somme de 110 fr. à titre de dommages-intérêts, comme réparation du préjudice causé, et demandait qu'on lui assurât une libre jouissance à l'avenir, ou sinon que la résiliation du bail fût prononcée avec 300 fr. de dommages-intérêts.

Je me présentai au jour fixé devant M. le Juge de paix, avec une consultation de M. Rouxin, concluant à l'incompétence du tribunal, au cas où je n'aurais pu obtenir le délai de trois mois que je réclamai, et que j'obtins en assurant, toutefois, que M. le Receveur central n'exercerait aucune poursuite contre ledit Ollivier, avant l'expiration de ce délai.

Vous aurez donc à examiner, Messieurs, si la plainte d'Ollivier est fondée, et s'il y a lieu de lui accorder la décharge du prix de la dernière année de son bail, pour les motifs qu'il a invoqués.

J'ai terminé, Messieurs, l'exposé de tout ce dont il importait que vous fussiez instruits, c'est pourquoi j'ai l'honneur d'être, votre bien respectueux serviteur.

Dol, le 10 mai 1879.

Le syndic de l'Association,

F. Rame.

Budget supplémentaire de 1879.
—
Accepté tel qu'il existe à l'état de proposition.

Il est ensuite procédé à la discussion du budget supplémentaire, qui est accepté tel qu'il est porté à l'état de proposition, sans autre observation que celle de M. Sauvage, maire de Châteauneuf, qui dit qu'en maintenant la levée des Perches, sous Lillemer, on inonde les marais de Châteauneuf.

M. le Président fait observer que les marais sont divisés par zones et qu'ils ne doivent pas communiquer d'une zone à l'autre; que du reste si le travail de dénoiement projeté réussit, Châteauneuf sera dénoyé.

BUDGET SUPPLÉMENTAIRE DE 1879.

Recettes supplémentaires.

1° Excédent de l'exercice précédent, 1878......	11,306f 65
2° Sur la taxe des digues..................	474 21
3° Sur les fermages du Syndicat............	351 50
4° Sur vente de fagots.....................	83 50
5° Sur droits d'enregistrement.............	1 97
Total des recettes supplémentaires..	12,217f 83

Dépenses supplémentaires.

1° Réparations, reconstruction des ponts, etc...	482f 25
2° Réparations des chemins ruraux communaux.	1,086 27
3° Construction de gouttes pour dénoyer les villages des Grevettes, Canteaux et Pas-au-Bœuf....	463 »
4° Achèvement de la cale du Han et des murs de clôture des jardins Nivolle et Couapel...........	59 66
5° Subvention pour reconstructions de gouttes sur l'ancien biez de Ceinture sous Roz-Landrieux.	300 »
6° Subvention pour réparation de la passerelle sur le canal de la Grande-Rosière...............	300 »
A reporter.........	2,691 18

Report..........	2,691 18
7° Subvention pour construction d'un abreuvoir sur le biez Guyoul, au lieu dit les Brégeons.......	175 50
8° Réparations sur les rives du biez Jean.......	281 75
9° Reconstruction de l'épi de jonction de la banche et du biez Guyoul, au Vivier............	206 50
10° Rejointoiement en ciment des murs et voûtes des ponts d'Angoulême et de Blanc-Essai........	193 15
11° Construction d'un perré de soutènement sur la rive gauche du biez Briant, en aval du pont du bourg de la Fresnais..........................	200 »
12° Frais d'entoilage et cartonnage des plans....	259 75

DÉPENSES NOUVELLES.

13° Construction d'un aqueduc et exhaussement du petit chemin à l'extrémité sud de la levée de Ceinture à l'Abbaye..........................	400 »
14° Construction de deux vantaux de portes de flot pour le pont de Blanc-Essai................	800 »
15° Réparations urgentes à la levée des Perches.	500 »
16° Construction d'un perré près du pont de la Ville-ès-Jarrets............................	300 »
TOTAL des dépenses supplémentaires...	6,007 83

RÉCAPITULATION.

Recettes supplémentaires........	12,217 83
Dépenses.....................	6,007 83
Excédent de recettes......	6,210f »

PÉTITIONS.

Pétitions. — L'Assemblée admet les décisions du Conseil administratif sur ces pétitions.

En ce qui concerne les pétitions, il est donné lecture des décisions du Conseil administratif sur toutes les pétitions des 12 mai et 14 juillet 1879.

Ces décisions sont acceptées à l'unanimité par l'Assemblée.

Décision du Conseil, admise en ce qui regarde la vente par le Domaine des lais de l'ancien lit du Couesnon.

Il est également donné lecture de la décision du Conseil administratif, en ce qui concerne le vieux lit du Couesnon, en réponse à la lettre de M. Saint, conducteur des ponts et chaussées au Mont-Saint-Michel.

L'Assemblée adopte cette décision.

M. le Conducteur donne lecture de son rapport :

Rapport du Conducteur.

RAPPORT DU CONDUCTEUR DES TRAVAUX

A MM. les Membres du Conseil administratif et MM. les Députés à l'Assemblée générale.

MESSIEURS,

Avant de vous exposer le résumé des travaux qui ont été exécutés pendant le cours du dernier exercice, permettez-moi d'accorder un souvenir sympathique à la mémoire de M. Josseaume, votre ancien vice-président, et de joindre mes regrets à ceux qui vous ont été si bien exprimés par M. le Syndic.

TRAVAUX EXÉCUTÉS EN 1878.

§ 1er. — RÉPARATIONS SUR TOUTE L'ÉTENDUE DES DIGUES, ETC.

ART. 1er. — *Continuation du revêtement en perrés maçonnés et exhaussement de la digue de la Larronnière, en droit le Moulin-Téhel, en Cherrueix.*

Fourniture et transport de pierre......	672f 05	
Construction de perrés maçonnés......	362 04	
Emmétrage de pierre et terrassements..	245 87	
DÉPENSE TOTALE........	1,279f 96	1,279f 96
A reporter..........		1,279f 96

Report........... 1,279 96

ART. 2. — *Continuation des grosses réparations et reprise en sous-œuvre à la digue de la Haute-Rue de Sainte-Anne, en Cherrueix.*

Fourniture et transport de pierre......	356f 19	
Réparations de perré et terrassements..	193 50	
DÉPENSE TOTALE........	549f 69	549 69

ART. 3. — *Réparations à la digue de la Croix-des-Aubiers et à la cale de la Larronnière.*

Fourniture de pierre.................	56f 43	
Transport de pierre..................	72 56	
Construction et reprises en sous-œuvre de perrés.........	61 52	
DÉPENSE TOTALE........	190f 51	190 51

ART. 4. — *Travaux d'entretien sur toute l'étendue des digues, indemnités de carrière, etc.*

Prolongement de la cale du Bourg-au-Vivier............................	42f 50	
Réparations à la cale de Saint-Benoît, à l'épi de Blanc-Essai et à la digue du Bout-de-la-Ville......................	136 75	
Travaux divers d'entretien et indemnités de carrière.........................	268 49	
DÉPENSE TOTALE........	447f 74	447 74
TOTAL GÉNÉRAL de la dépense pour les digues..		2,467f 90

§ 2. — CURAGE DES GRANDS CANAUX A LA CHARGE DE L'ASSOCIATION.

Le curage de tous les grands canaux a été fait avec tout le soin possible; mais, contrairement à toutes les prévisions, la hauteur des eaux n'a pas permis d'opérer aucun curage à vieux fond à la bêche, et j'ai dû me borner à renouveler deux et trois fois, dans chaque biez, les fauchardages, et surtout les relèvements d'éboulis qui se sont produits très fréquemment sur les talus, afin d'activer le plus possible le fonctionnement des grands canaux.

§ 3. — Réparations, construction et reconstruction des ponts, etc.

Construction des ponceaux du Comte-Plège et des Rosières, dans la commune de la Fresnais.

Les ponceaux des villages du Comte-Plège et des Rosières, dans la commune de la Fresnais, ont été construits conformément à votre décision. Tous les transports ont été faits par les propriétaires intéressés, et la dépense totale comprenant la fourniture de pierre, dalles, chaux hydraulique et sable, s'est élevée, pour les deux ouvrages, à la somme de 181 fr. 20.

Construction du ponceau du Bois-Robin, en Cherrueix.

Il a été également construit un ponceau près du Bois-Robin, en Cherrueix, pour le dénoiement des terrains des Bourbançais. La pierre ayant été prise dans les dépôts d'approvisionnement, la dépense de main-d'œuvre s'est élevée seulement à la somme de 37 fr. 50.

Réparation du pont du Chemin-Borgne, du pont Petit et pont de la Rue, en St-Broladre.

Dans la commune de Saint-Broladre, le pont du Chemin-Borgne, le pont Petit et le pont de la Rue ont été réparés pour la somme de 79 fr. 25.

Construction et reconstruction de onze petits ponts pour le dénoiement des villages des Grevettes, de Canteaux et du Pas-au-Bœuf, en St-Georges-de-Gréhaigne.

Dans la commune de Saint-Georges-de-Gréhaigne il a été construit et reconstruit onze petits ponts sur des essais nouveaux, pour le dénoiement des villages des Grevettes, Canteaux et du Pas-au-Bœuf. Les propriétaires ont effectué tous les transports de matériaux qui ont été pris dans les dépôts existant sur les vieilles digues, et il n'a été dépensé que 236 fr. sur le crédit spécial de 700 fr.

La construction de ces onze petits ponts a fait ressortir la nécessité de quelques autres pour lesquels j'ai dû reporter au budget supplémentaire de 1879 l'excédent du crédit, soit 464 fr., qui serviront en même temps à couvrir la dépense de l'exhaussement considérable à donner au chemin des Chaudrons; ce travail est indispensable pour compléter le dénoiement et l'assainissement de cette contrée.

Pont de la Planche-du-Bardel.

La pierre pour la construction du pont de la Planche-du-Bardel, à la jonction des trois communes de Mont-Dol, le Vivier et Hirel, n'a pu, jusqu'à ce jour être transportée à pied d'œuvre, à cause du mauvais état du chemin, et elle a été provisoirement déposée près du village du Haut-Pont, d'où elle sera relevée par l'entrepreneur aussitôt que l'état du chemin le permettra.

Ponts de la Cour-Chevalier, du Champ-Cornu, des Brégeons et des Longs-Champs, en la commune de Hirel.

Quelques autres ponceaux, dans diverses parties des marais, n'ont pu être construits ou reconstruits l'année dernière; ce sont ceux de la Cour-Chevalier, du Champ-Cornu, des Brégeons, près du village de Laupinière, et des Longs-Champs, tous en la commune de Hirel. La cause doit en être attribuée au mauvais temps qui a mis les intéressés dans l'impossibilité de faire les transports de matériaux.

Ponts du Vivrais et de la Fauvelière, en la commune de Mont-Dol.

Il en a été de même pour le ponceau à construire au village du Vivrais et celui de la Fauvelière, en Mont-Dol. Seulement, pour ce dernier, les matériaux sont vendus à pied d'œuvre.

Dénoiement des cours du bourg de Hirel.

Les travaux de dénoiement des cours du bourg de Hirel sont en voie d'exécution. Une partie de l'ancien aqueduc est déjà reconstruite, et sous peu ce qui reste à faire sera entièrement terminé.

Reconstruction de la goutte du Mousset, commune de Hirel.

Il résulte des informations récentes que j'ai prises auprès du service vicinal que les plans et devis sont prêts pour la reconstruction de l'aqueduc du Mousset, sur le chemin vicinal du bourg de la Fresnais à Vildé-la-Marine. Ils s'élèvent à 550 fr., au lieu de 500 fr.

M. l'Agent voyer n'attend que le moment favorable pour faire exécuter ce travail, dont la dépense sera payée par moitié par le service vicinal et le Syndicat.

Ponceau de la Bardoulière, en la commune de Mont-Dol.

Dans une entrevue que j'ai eue dernièrement avec M. l'Agent voyer de l'arrondissement, il m'a été déclaré que l'étude du projet de reconstruction de la goutte ou ponceau de la Bardoulière, demandée par la commune de Mont-Dol, sur le chemin d'intérêt commun n° 65, de Dol à Cherrueix, est entre les mains de M. l'Agent voyer du canton de Dol.

Amélioration de la chaussée des ponts de Chanteloup, du Haut-Pont, du pont d'Angoulême et du pont Léchard, demandée par le service vicinal.

Il y a quelques mois, il a été communiqué au Syndicat par le service vicinal quatre dossiers avec plans et devis, ayant chacun pour objet la transformation en macadam de la chaussée pavée des ponts de *Chanteloup*, du *Haut-Pont*, du *pont d'Angoulême* et du *pont Léchard*. Pour ce dernier, le projet comprend en plus la construction de parapets qui sont d'une nécessité absolue pour la sécurité de la circulation.

Après en avoir conféré avec M. le Syndic, je me suis cru suffisamment autorisé pour émettre un avis favorable, en me reportant, toutefois, pour la participation du Syndicat dans la dépense, aux termes de l'art. 1er du procès-verbal de conférence entre les deux services, en date du 6 décembre 1878, et en conformité de la décision de l'Assemblée générale des députés des communes de l'enclave, du 22 juillet 1878, approuvée par M. le Préfet le 6 août suivant.

Ces travaux d'amélioration, réclamés depuis longtemps, ne tarderont pas sans doute à recevoir leur exécution.

§ 4. — Réparation des chemins ruraux communaux.

Ainsi que M. le Syndic vous l'a exposé dans son rapport, la première année d'épreuve pour l'amélioration des chemins ruraux communaux n'a pas été heureuse.

En effet, ce ne fut que vers la fin du mois de juin, et encore dans des conditions peu favorables, mais pour faciliter l'enlèvement des fourrages, que l'on put commencer le redressement des chemins.

Après quelques semaines d'un temps assez propice et que nous avions espéré voir continuer, les pluies recommencèrent et nous forcèrent d'arrêter tous les travaux qui, à partir de ce moment, ne purent être repris que par intermittences et pour rendre praticables les plus mauvais chemins à l'époque de la moisson. Enfin, un automne très pluvieux vint détruire en grande partie ce qui avait été fait.

Sur le crédit de 3,000 fr., il a été dépensé 1,913 fr. 73 l'année dernière, et dans la prévision d'une saison plus convenable, qui aurait permis d'améliorer dans une large mesure l'état des chemins, j'ai reporté le reliquat, soit 1,086 fr. 27 au budget supplémentaire de cette année. Malheureusement, la persistance du mauvais temps me fait désespérer, car jusqu'à ce jour il n'a pu être presque rien fait.

§ 5. — Questions d'intérêt général.

Débordement du biez Jean dans les Bruyères par la levée des Perches.

Par suite du débordement des eaux du marais de Châteauneuf, la levée des Perches a éprouvé, entre le Tour-à-l'Aigle et le Rocher, de sérieuses dégradations que nous réparerons autant que possible avant le retour de la mauvaise saison.

A cet effet, j'ai demandé qu'une somme de 500 fr. soit portée au budget supplémentaire.

Débordement du biez Guyoul dans les Bruyères.

M. le Syndic vous a fait connaître les efforts que nous fîmes l'hiver dernier, pour empêcher les eaux du biez Guyoul de franchir la levée de Ceinture, sous Dol. Nous réussîmes, sauf sur un point, à l'entrée du faubourg de l'Abbaye, où l'eau se fit un passage dans les jardins et se répandit en grande abondance pendant dix jours au moins, dans les Bruyères, sous Dol et sous Roz-Landrieux, par les Assis.

Pour éviter le retour d'un semblable désastre, il sera indispensable de combler, au niveau de la levée actuelle, une venelle de servitude qui aboutit à la route n° 176, ce qui nécessitera la construction d'un aqueduc pour l'écoulement des eaux de cette route. L'embarras le plus grand sera de trouver des terres pour ce travail, car il ne sera pas possible d'en prendre dans les terrains voisins.

J'estime qu'une somme de 400 fr. est nécessaire, et je l'ai portée au budget supplémentaire afin de la soumettre à votre approbation.

Construction de deux vantaux de porte de flot pour le pont de Blanc-Essai.

Les deux vantaux (côté de Saint-Benoît) du pont de Blanc-Essai ayant été reconnus en mauvais état par vétusté, ont été remplacés avant l'hiver dernier par ceux qui étaient en réserve dans le magasin. Et comme il serait de la dernière imprudence de n'avoir aucune porte de rechange, en cas d'avarie, je vous prie de porter au budget supplémentaire de 1879 la somme de 800 fr., prix de deux vantaux neufs.

§ 6. — Pétitions nouvelles.

Deux pétitions de M. le Maire de la Gouesnière ont été présentées au Conseil administratif, à la séance du 14 mai dernier.

La première a pour objet de demander la construction d'un aqueduc sous le chemin vicinal d'intérêt commun nº 105, de Châteauneuf à Saint-Benoît, pour le dénoiement d'une étendue considérable de terrain, au lieu dit les *Clos-Neufs*, à la limite des communes de Saint-Benoît et de la Gouesnière.

Il résulte du nivellement que j'ai fait, que ce travail ne présente aucune difficulté d'exécution; mais en raison de la position de l'aqueduc à construire sous le chemin vicinal, j'ai dû en conférer avec M. l'Agent voyer de l'arrondissement, qui m'a dit qu'il était indispensable de transmettre cette demande, par la voie de la préfecture, à M. l'Ingénieur agent voyer en chef.

M. le Syndic a adressé aussitôt la pétition à M. le Préfet, et j'ai appris de M. l'Agent voyer du canton de Saint-Servan qu'il a reçu des ordres à ce sujet, et qu'il s'occupe de ce projet.

L'autre pétition a rapport à la rive gauche du biez Jean, près de la Sauvagère, où les grandes eaux ont déterminé cet hiver un éboulis très considérable, détruit tout le travail fait pour soutenir les terres du chemin qui avait été empierré, au moyen d'une souscription, et enfin rendu ce chemin impraticable aux voitures.

Une commission spéciale, prise dans le Conseil administratif, s'est transportée sur les lieux; elle vous fera connaître les conclusions qu'elle aura prises à ce sujet.

La même commission a été également chargée de visiter un autre éboulis qui s'est produit sur le biez Briant, près et en amont du pont de la Ville-ès-Jarrets, et qui menace d'entraîner une partie du mur du jardin appartenant à M. Lefas. Si le rapport de la commission est favorable à la construction d'un perré dans toute la hauteur du talus, la dépense ne pourra être inférieure à 300 fr., laquelle, vu l'urgence, je vous prierai de porter au budget supplémentaire.

Une pétition signée d'un grand nombre d'habitants de Saint-Guinoux vous a été également adressée dans le but d'obtenir l'exhaussement de la couverture d'un petit aqueduc situé sur le chemin rural de Laubier, et dont le débouché ne suffit pas à l'écoulement des eaux provenant d'un essai sur lequel il est établi.

Ce travail, qui a été adopté par le Conseil administratif (séance du 14 mai 1879) ne présente aucune difficulté et sera exécuté conformément à la jurisprudence ordinaire.

M. le Maire de Saint-Benoît a adressé à M. le Syndic une demande ayant pour objet la reconstruction de l'aqueduc du pont Benoît situé sur le chemin rural de ce nom. La commune prend l'engagement de faire effectuer tous les transports de matériaux, suivant la jurisprudence ordinaire.

Le Conseil administratif a fait droit à la réclamation de M. le Maire de Roz-sur-Couesnon qui demandait l'exhaussement des parapets d'un pont appartenant à l'Association, situé sur le dick de la Rue. Des ordres ont été donnés au préposé Filleul pour que ce travail soit exécuté le plus tôt possible dans l'intérêt de la sécurité publique.

Plusieurs autres pétitions ont été déposées tout récemment au Syndicat, mais trop tardivement pour qu'elles aient pu être examinées. Elles vous seront soumises par M. le Syndic.

§ 7. — Notes sur les inondations.

Les causes qui ont fait la situation malheureuse de tous les terrains bas de l'enclave des marais vous sont bien connues, et je ne pourrais que répéter ce que M. le Syndic vous en a dit dans son rapport.

Je me bornerai donc à vous entretenir des moyens à employer pour obtenir une amélioration indispensable et réclamée par le pays tout entier. Ces moyens, je n'ai pas la prétention de les avoir trouvés, et ils sont reconnus par tous.

Ils consistent évidemment dans la création de nouveaux exutoires à la mer et dans la modification du cours de quelques grands canaux qui ne suffisent pas pour l'écoulement des eaux de leurs bassins respectifs.

Déjà, pour donner satisfaction aux communes du canton de Châteauneuf, vous avez voté et inscrit au budget de cette année une somme de 500 fr. pour faire une étude de dénoiement par Châteauneuf et la Rance. M. Bénard, conducteur des ponts et chaussées à Saint-Malo et chargé du service du littoral, a bien voulu s'occuper de cette opération, et il a remis ces jours derniers au Syndicat, un dossier complet qui vous sera présenté et qui comprend non seulement le résultat du nivellement qu'il a fait, mais encore un avant-projet établissant le chiffre approximatif de la dépense à faire.

Les nivellements se sont étendus depuis la Rance, c'est-à-dire depuis le moulin de Beauchet jusqu'aux Bruyères dites le Rosais, dépendant des communes de Lillemer, Roz-Landrieux et la Fresnais. Mais M. Bénard a dû limiter l'étude de son avant-projet aux terrains situés à l'occident de la levée des Perches qui forment le vaste bassin du biez Jean.

Son travail, qui intéresse exclusivement les communes de Plerguer, la partie occidentale de Roz-Landrieux, Miniac-Morvan, Châteauneuf, Saint-Père, Marc-en-Poulet et Saint-Guinoux, aurait pour conséquence de retirer au bassin actuel du biez Jean les eaux provenant des rivières de la Barre de Miniac, du Bas-Miniac et de Gouillon qui forment le Meneuc ou Meleuc, soit au moins un tiers du volume total qu'il reçoit aujourd'hui. Il serait une garantie à peu près certaine contre les inondations prolongées, et aurait par suite l'immense avantage de faire disparaître la cause principale d'insalubrité permanente de cette contrée.

Dans ces conditions, le biez Jean ne recevrait plus que les eaux passant à Vildé-Bidon et provenant des étangs de Trémigon, Beaufort et de quelques petits ruisseaux de la partie occidentale de Roz-Landrieux. Il serait ainsi à l'abri des débordements considérables et surtout de longue durée, comme aujourd'hui, en raison de l'insuffisance de son débouché dans la baie de Cancale, par le pont de Blanc-Essai, à Saint-Benoît-des-Ondes.

On doit s'occuper très prochainement d'une étude toute spéciale pour le dénoiement des terrains situés entre la commune de Lillemer et Dol, et comprenant les bruyères de la partie nord de Roz-Landrieux, ainsi que celles des communes de la Fresnais, Lillemer, Hirel et Mont-Dol, jusqu'au biez Guyoul.

Avant de terminer, Messieurs, je croirais manquer à mon devoir si je ne vous signalais pas l'activité que nos préposés ont déployée sans relâche pendant toute la période des mauvais temps. Toujours sur pied, ils ont joint avec un zèle infatigable leurs efforts aux nôtres pour combattre et atténuer autant que possible la gravité des malheurs. Permettez-moi donc de saisir cette occasion pour solliciter de votre bienveillance une amélioration dans leur position.

L'an dernier, vous fûtes unanimes à reconnaître l'insuffisance du salaire des ouvriers, et vous décidâtes que le prix de la journée serait augmenté dans certaines conditions.

Mais, par suite du surcroît de courses et de surveillance, occasionné surtout par le redressement des chemins, les préposés n'ont pas un seul jour de repos et ils suffisent à peine à leur tâche, en raison des longs parcours qu'ils sont obligés de faire pour diriger leurs divers ateliers.

Je serais heureux si, prenant en considération leurs longs et loyaux services, vous leur accordiez une augmentation, car aujourd'hui leur traitement mensuel égale à peine le produit des journées des ouvriers qu'ils dirigent et dont ils ont la responsabilité.

Dol, le 12 mai 1879.

Le Conducteur des travaux,

E. SALZARD.

Budget définitif pour 1880.

M. le Président donne lecture de l'état de proposition ainsi que du budget.

L'Assemblée l'accepte à l'unanimité et vote une somme de 19,000 fr., à prendre sur l'impôt pour l'année prochaine, et le surplus sur les fonds en caisse.

Budget définitif pour l'année 1880.

ART. 1er — Réparations sur toute l'étendue des digues, extraction de pierre, construction de perrés et reprises en sous-œuvre de parties de digues en mauvais état, savoir :

1° Continuation des reprises en sous-œuvre et réparations à la digue des Grandes-Grèves	500f	2,500f »
2° Continuation et achèvement de la digue de la Larronnière	800	
3° Construction de perrés pour l'exhaussement de la digue du Rajeul	300	
4° Enrochement au pied de la digue du Vivier, en droit le terrain Filleul	400	
5° Entretien sur l'ensemble des digues.	500	
ART. 2. — Curage des grands canaux à la charge de l'Association, et mise en bon état du biez de la Bézardais et des Haies, classé en 1878		6,500 »
ART. 3. — Traitement des employés de l'Association, savoir :		
A reporter		9,000f »

Report............		9,000 »
MM. E. Salzard, conducteur des travaux	2,000f	5,400 »
F. Rame, syndic de l'Association.	1,200	
Mury (Jean), préposé à la police..	600	
Filleul (Patrice), d°	600	
Guillory (Jean-Marie), d°	600	
Peltier (Joseph), cantonnier-éclusier	400	
ART. 4. — Réparations, reconstruction et reprises en sous-œuvre à divers ponts, et empierrement des chaussées..................................		1,000 »
ART. 5. — Dévasement des ponts et aqueducs à la mer..................................		2,000 »
ART. 6. — Frais généraux d'administration, affranchissement de paquets, ports de lettres et loyer de la chambre syndicale..........................		800 »
ART. 7. — Dépenses imprévues, frais d'opérations sur le terrain et pour suppléer à l'insuffisance de quelques allocations.........................		1,200 »
ART. 8. — Réparation des chemins ruraux communaux à la charge du Syndicat................		3,000 »
TOTAL GÉNÉRAL..........		22,400f »

Pétition de MM. Bélard et La Chambre.
—
Nomination d'une commission.

Ensuite, M. le Président propose de nommer MM. Gasnier (Marie), Pépin et Plainfossé, pour former la commission, sur la pétition de MM. Bélard et La Chambre, renvoyée par le Conseil administratif à l'examen de l'Assemblée générale.

Nomination d'une commission.
—
Pétition de M. Gasnier.

M. Gasnier (Marie) déclare que le dépôt de pierre fait auprès de la digue était fait sur sa propriété et non sur celle de l'Association. Il demande qu'une commission soit nommée pour juger la question faisant l'objet de sa pétition au Conseil.

L'Assemblée nomme MM. Bélard, Pépin et Plainfossé.

Les autres pétitions sont renvoyées au Conseil administratif.

Les autres pétitions n'ayant pas été soumises au Conseil sont renvoyées à l'année prochaine.

Péréquation de l'impôt.

M. le Président donne lecture de la lettre de M. le Préfet, du 7 juillet dernier, relative aux décisions de l'Assemblée sur la péréquation de l'impôt :

Lettre du Préfet, relative à la péréquation de l'impôt.

MONSIEUR LE SYNDIC,

Conformément aux instructions de M. le Ministre des travaux publics, le projet présenté par le Syndicat des digues et marais de Dol, pour la modification des bases de l'impôt à payer annuellement, par les propriétaires des terrains compris dans le périmètre de l'Association, a été communiqué pour avis à MM. les Ingénieurs du service hydraulique du département.

Dans un rapport que je viens de recevoir, MM. les Ingénieurs constatent que le projet en question n'a pas été discuté dans trois Assemblées générales consécutives, ainsi que l'exige l'art. 59 du règlement, dont voici les dispositions :

« Lorsque trois Assemblées générales consécutives ont reconnu » que le cadastre de quelques communes de l'enclave a besoin de » subir quelques changements, ou que par des améliorations pro- » venant de travaux, la contribution n'est plus répartie d'une » manière équitable entre les communes, *les moyens de rétablir* » *l'équilibre sont discutés dans ces trois Assemblées*, et formulés en » arrêté dans la dernière; l'exécution en est confiée au syndic, » sous la surveillance du Conseil administratif. »

L'Assemblée générale, dans sa séance du 10 juillet 1876, prit pour la première fois la proposition de M. Pinson en considération, en ayant soin de stipuler que cette décision n'impliquait pas l'adhésion au principe de la proposition.

Dans l'Assemblée générale suivante (9 juillet 1877), la question de péréquation de l'impôt fut mise à l'ordre du jour, et l'Assemblée nomma une commission de treize membres pour étudier les propositions de M. Pinson et lui faire un rapport.

Enfin, dans l'Assemblée générale du 11 mars 1878, les propositions de la commission furent acceptées à une grande majorité.

C'est donc seulement dans cette séance que l'Assemblée s'est prononcée pour la première fois sur les moyens de rétablir l'équilibre de l'impôt, et il n'est pas à ma connaissance que de nouvelles délibérations aient été prises depuis lors à ce sujet.

Dans ces conditions, j'estime avec MM. les Ingénieurs que la question des modifications à apporter au mode de répartition actuel de l'impôt doit être discutée dans deux nouvelles séances de l'Assemblée générale.

Je vous prie d'en informer le Syndicat.

Recevez, Monsieur le Syndic, l'assurance de ma considération très distinguée.

Le Préfet d'Ille-et-Vilaine, Pr. ANDRÉ.

Cette lecture faite, *M. Pinson* fait observer que M. le Préfet ne soulève que la question de forme, sans se préoccuper du fond. Discussion.

M. Rouxin déclare qu'il ne s'agit pas de la question de forme seulement, mais aussi de la question de fond; que telle est l'intention du Préfet et de MM. les Ingénieurs; qu'il y a donc lieu de traiter la question à nouveau sous tous les rapports.

M. Pinson fait observer qu'il croyait que M. Rouxin, lui-même, avait implicitement adhéré à la décision de l'Assemblée sur la question de l'impôt; qu'à la séance du Conseil administratif du 20 mai 1878, le Conseil, après avoir discuté et en définitive rejeté la proposition de M. le Directeur, avait admis à l'unanimité moins une voix le projet de la commission; que M. Rouxin, qui avait parlé contre ce projet, lui avait paru se rendre au sentiment de la commission; que toutefois, il remit ensuite au secrétaire M. Josseaume, une note qui maintenait son opinion et fut insérée au procès-verbal.

M. Pinson ajoute que M. Rouxin, quoique ayant fait partie de la commission d'études pour l'examen de la question des impôts, n'avait pas pris part à ses travaux, à ses calculs, et qu'en les connaissant mieux, il eût pu changer d'avis. La question étant posée à nouveau, tant pour le fond que pour la forme, il allait la traiter sous ces deux rapports.

Messieurs, vous connaissez l'art. 59 de notre règlement, qui veut que les moyens de rétablir l'équilibre pour l'impôt soient discutés dans trois Assemblées et formulés en arrêté dans la dernière, l'exécution en étant confiée au syndic.

Ma demande de révision de l'assiette de l'impôt fut présentée à l'Assemblée du 10 juillet 1876. Le procès-verbal porte que, *malgré l'heure avancée, l'Assemblée prend néanmoins ma proposition en considération et renvoie à sa prochaine session pour sa seconde discussion* (p. 141 et 142 des annales).

A l'Assemblée générale du 9 juillet 1877, je renouvelle ma proposition en la motivant par certains développements, et malgré l'opposition ardente de M. Rouxin, l'Assemblée adopta à une *immense majorité* les conclusions de mon rapport et décida qu'il y aurait une session extraordinaire en janvier pour *entendre et discuter* le rapport de la commission nommée, dont M. Rouxin faisait partie.

La commission fit son rapport à l'Assemblée extraordinaire du 11 mars 1878 ; elle formula le nouveau système. Il est discuté avec ardeur par les partisans et par les adversaires, et à l'*unanimité moins cinq voix,* l'Assemblée adopta les conclusions du rapport de la commission et décida qu'à partir du 1er janvier 1879, l'impôt des digues et marais serait réparti conformément aux conclusions du rapport de la commission.

L'Assemblée décida en même temps qu'il n'y avait pas lieu de continuer la discussion à deux autres Assemblées (p. 278 et 279 des annales).

Après ces décisions, nous devions croire qu'enfin nous avions atteint le but ; mais M. le Préfet crut devoir de nouveau consulter M. le Directeur des contributions directes. La question fut de nouveau soumise au Conseil administratif, dans sa séance du 20 mai 1878 ; à l'unanimité moins une voix, le Conseil repoussa les observations de M. le Directeur et maintint les décisions de l'Assemblée.

Voilà donc quatre décisions prises en parfaite connaissance de cause (p. 302 et 303 de nos annales).

Au procès-verbal de l'Assemblée générale du 22 juillet 1878, on lit : « Le procès-verbal de la dernière séance ordinaire du » 9 juillet 1877, celui de la séance extraordinaire du 11 mars » 1878 et celui de la séance du Conseil administratif du 20 mai » dernier, lequel approuve les résolutions de l'Assemblée sur la » nouvelle répartition de l'impôt des digues et marais, ayant été » imprimés et distribués en temps utile aux membres de l'As- » semblée, celle-ci décide qu'il est inutile d'en donner lecture.

» Ces différents procès-verbaux ne donnent naissance à au- » cune observation (p. 324 des annales). »

N'est-ce pas là une quatrième approbation des décisions de l'Assemblée sur la péréquation de l'impôt?

M. Guibourg. — Ce ne sont pas des discussions; le règlement en exige trois.

M. Pinson. — Qu'appelez-vous donc discussion? Est-ce la reproduction mécanique pendant trois Assemblées des mêmes arguments et des mêmes réponses? Est-ce qu'il n'arrive pas tous les jours dans les propositions de loi qui demandent trois discussions que, sur ce nombre, il y en ait une au moins qui se borne à une simple lecture? Vraiment, on est surpris de semblables observations. Voilà cinq approbations successives, comprises celles du Conseil administratif. Tous les rapports avaient été préalablement distribués, et vous dites que ce n'est pas suffisant pour répondre aux prescriptions du règlement. Ce n'est pas sérieux.

Eh bien, admettons, si vous le voulez, que la décision du 10 juillet 1876, que celle du 9 juillet 1877 ne comptent pas. Il vous reste deux discussions et deux décisions qui sont absolument inattaquables, savoir : celle du 11 mars 1878 et celle du 22 juillet 1878.

Il est évident que M. le Préfet, ainsi que MM. les Ingénieurs n'avaient pas pris connaissance de la décision du 22 juillet 1878 et qu'elle leur était inconnue, puisque la lettre de M. le Préfet n'en parle pas, et que cette lettre dit que depuis la décision du 11 mars 1878, il n'est pas à la connaissance de M. le Préfet qu'une nouvelle délibération ait été prise sur la péréquation de l'impôt.

Si, comme nous l'espérons, l'Assemblée se prononce aujourd'hui pour les conclusions du rapport de la commission, la discussion doit être définitivement close, car si, comme vous le voulez, ce n'est pas la cinquième, c'est au moins la troisième, en pleine connaissance de cause.

Nous sommes ici tous d'honnêtes gens; nous ne devons vouloir que la vérité pure. Eh bien, la voilà ! Et je crois pouvoir compter sur votre loyauté pour être certain qu'au point de vue de la forme, vous considérez la discussion d'aujourd'hui comme la dernière; que le règlement n'exige rien de plus.

Pour le fond, Messieurs, je ne puis entrer dans tous les détails. La commission a passé de longues journées à l'étudier. Voyez les chiffres et tous les documents qu'elle a consultés dans son rapport du 22 décembre 1877. Il ne me serait pas possible, dans les si courts instants dont nous disposons, de développer devant vous tout le travail de la commission. Je vais me borner à deux faits qui, si vous voulez bien me suivre, porteront la lumière dans vos esprits. Je me borne à deux communes. Je prends pour exemples la répartition du budget pour 1879 : Miniac-Morvan et Saint-Benoît-des-Ondes.

Miniac-Morvan contient 800 journaux de terre dans les marais; Saint-Benoît contient environ 500 journaux. Miniac-Morvan est imposé pour 339 fr. 32; Saint-Benoît pour 982 fr. 27. Ainsi, voilà Saint-Benoît, qui contient 300 journaux de moins que Miniac-Morvan et qui paye près de 650 fr. de plus que Miniac-Morvan cette année. Est-ce juste? En relevant le total des sommes que chacune de ces deux communes a payées depuis l'installation du Syndicat, on trouve que Miniac-Morvan a payé jusqu'ici 24,127 fr., et Saint-Benoît près de 100,000 fr., c'est-à-dire trois fois plus.

Si j'étendais mes calculs aux autres communes du littoral, comparées aux marais de Châteauneuf, les rapports seraient à peu près dans les mêmes proportions. Mont-Dol seul a payé plus d'un demi-million d'impôt depuis que le Syndicat existe (annales du Syndicat, p. 275).

Dira-t-on que les immeubles de Saint-Benoît sont d'une valeur bien supérieure à ceux de Miniac-Morvan? Qu'on le prouve. La commission, dans son rapport, a publié deux documents émanant de notaires. Qui donc connaît mieux la valeur des terres que les notaires? La lettre de M. Flaux, notaire à Miniac-Morvan, imprimée au rapport, dit : « Les meilleures terres de » la commune de Miniac-Morvan font partie de l'enclave des » marais de Dol; elles se louent couramment 160 et 170 fr.

» l'hectare. J'ai fait plusieurs ventes l'année dernière sur le » pied de 4,500 fr. l'hectare, ajoute M. Flaux (voir p. 238 des » annales. »

Une voix : Il vous a écrit avant de quitter Miniac-Morvan.

M. Pinson. — Attendez. Il y a aussi une lettre de M. Lemée, notaire à Châteauneuf, l'adversaire résolu de la péréquation de l'impôt, ainsi qu'il me l'a dit lui-même. Cette lettre porte les bonnes terres du marais sous Châteauneuf : location, l'hectare, 160 fr.; prix de vente, 3,500 fr. l'hectare. Vous ne pouvez nier la sincérité de ce témoignage. Et moi, qui connais la valeur des terres dans les marais, pour les avoir parcourus toute ma vie, en qualité de notaire, je vous déclare que la moyenne des terres, en Saint-Benoît, ne se vendrait pas au-dessus de 3,500 à 4,000 fr. l'hectare.

M. Dupuy, maire de Saint-Benoît. — Le fait est certain.

M. Pinson. — Je pourrais, Messieurs, entrer dans d'autres détails et vous démontrer que s'il y a cette différence entre les communes pour la fixation de l'impôt, il y a une différence aussi anormale entre les propriétés de la même commune. M. Dupuy vous a démontré, dans les discussions précédentes, que dans sa commune les terres de troisième classe payent un tiers de moins que les terres de première classe, bien qu'aujourd'hui, par suite des chemins vicinaux, ces terres de troisième classe soient supérieures à celles de première classe de sa commune. Il en est ainsi dans toutes les communes.

Voilà des faits, Messieurs, appuyés sur des documents.

Mais si au revenu annuel vous ajoutez le revenu périodique des plantations de peupliers dans les terres basses, vous aurez certainement, pour ces dernières, un revenu supérieur à celui des terres hautes. Un demi-hectare de terre dans 25 ans peut produire 2,500 fr. de peupliers. J'en ai vendu moi-même dans ces proportions, comme notaire. Si vous ajoutez ce revenu périodique au revenu annuel, vous aurez un chiffre supérieur pour les terres des bas marais.

M. Hovius. — Les plantations ne sont pas un revenu.

M. Pinson. — Comment, est-ce que l'argent que le propriétaire en retire n'entre pas dans sa poche, comme celui de ses fermages?

M. Guibourg. — Je vous propose, M. Pinson, de changer vos terres hautes avec mes terres basses, contenance pour contenance.

M. Pinson. — Par suite des travaux du Syndicat, vos terres ont une telle valeur que je vous propose de les acheter deux fois plus qu'elles ne vous ont coûté.

M. Richard, notaire à Pleudihen. — Pour mon compte, j'accepte votre proposition, M. Guibourg, de changer mes terres hautes contre vos terres basses, et je vous trouverai d'autres personnes qui accepteront cet échange.

M. Guibourg ne répond pas.

M. Pinson. — Vous le voyez, Messieurs, voilà un notaire qui habite Pleudihen, commune voisine des marais de Miniac-Morvan. Il fait fréquemment des actes et des baux pour ces terres. Qui les connaît mieux que lui? Il faudrait s'entendre et mettre un peu plus de bonne volonté pour la solution de l'affaire.

M. Pinson, s'adressant aux propriétaires des terrains bas : Mais encore une fois, produisez à l'Assemblée vos baux à ferme et vos ventes d'arbres. Il ne suffit pas d'affirmer, il faut prouver. Voilà quatre ans que je vous les demande à l'Assemblée. Jusqu'ici, vous n'avez produit aucun document. Il faut bien en finir cependant, et vous avez un moyen simple de nous contredire.

Vous le voyez, Messieurs, le système d'impôt proposé par la commission est le seul acceptable, et nous ne doutons pas que vous ne persistiez dans les décisions prises antérieurement par l'Assemblée générale, d'autant qu'il est un principe écrit dans la loi sur les sociétés civiles, qui dit que les charges doivent être supportées par les associés, en raison des avantages qu'ils retirent de la société. Or, nous sommes une société civile, nous employons le tiers de nos charges au profit des terrains bas des

Rosières. Ces terrains payent à peine le vingtième de nos impôts. Il faut nécessairement une fin à cette situation.

M. Rouxin dit qu'il a toujours maintenu son sentiment sur la question de l'impôt et fait observer que l'art. 59 du règlement est formel; qu'il exige trois discussions approfondies. Il en donne de nouveau lecture. Il maintient que son opinion est aussi celle de M. le Préfet et des ingénieurs; qu'il n'y a eu qu'une seule discussion sur la péréquation de l'impôt, celle du 11 mars 1878; que deux autres discussions sont donc encore nécessaires; que celle d'aujourd'hui n'est que la deuxième, et que c'est ainsi que l'Assemblée doit le décider. Il pose en principe que l'impôt doit être réparti suivant la valeur en revenu des terres; que chacun doit contribuer aux charges en proportion de son revenu seulement; que c'est la règle de l'impôt de l'État; que cette règle fait partie du droit public français; qu'elle se résume ainsi : L'impôt doit être supporté par chacun suivant la valeur de l'objet qu'il a pour but de protéger; que c'est une règle fondamentale et que jamais l'autorité supérieure n'acceptera une décision qui ne sera pas conforme à cette règle; que ce serait aller contre tous les principes d'équité et de justice. Les hauts marais, dit-il, ont profité autant que les bas marais des charges imposées au Syndicat; le travail des digues est commun à tous; le curage des grands canaux sert également aux terrains hauts comme aux terrains bas, notamment au point de vue de la salubrité du pays; que par suite de ces travaux on a vu disparaître les fièvres paludéennes pernicieuses qui anciennement décimaient la population des marais. Il est inexact de dire que les terres de Miniac-Morvan valent celles de Saint-Benoît-des-Ondes; qu'on ne fera jamais croire à personne que des terres qui se vendent couramment 6,000 fr. l'hectare peuvent être mises en comparaison avec les terres de Miniac-Morvan; qu'admettre les conclusions du rapport, ce serait une grande injustice; qu'il est absolument inexact de dire qu'il est un principe écrit dans une loi quelconque; que les charges doivent être en rapport avec les avantages que les associés en retirent; que cet article de loi n'existe pas et n'a jamais existé. L'Assemblée ne peut consacrer une iniquité flagrante, l'impôt étant assis suivant des règles connues. On cherche une cote, c'est-à-dire un chiffre qui, multiplié par le revenu matriciel, donne le revenu net réel qui sert de base à l'impôt; que c'est ainsi que l'impôt est réparti chaque année; qu'il n'y a pas lieu de changer ce mode de répartition, surtout dans une année où il est reconnu que les terres basses sont inondées et qu'elles sont presque improductives; que M. Pinson lui-même a pris l'initiative de la formation d'un sous-syndicat pour arriver au dessèchement de ces terres, et il supplie l'Assemblée de rejeter purement et simplement les conclusions du rapport de la péréquation de l'impôt.

M. Mainsard appuie les affirmations de M. Rouxin. Comme lui, il trouve le système de la commission injuste et il ne peut admettre qu'on frappe d'un impôt uniforme les terres basses et les terres hautes; que ce système serait contraire à la justice.

Plusieurs propriétaires des terrains bas demandent avec instance la clôture de la discussion, prétendant que la question est sufisamment éclairée, et prient M. le Président de mettre la clôture aux voix.

La clôture de la discussion est mise aux voix.

M. le Président met la clôture aux voix.

M. Pinson demande la parole contre la clôture.

M. le Président lui donne la parole.

M. le Président donne la parole à M. Pinson contre la clôture.

M. Pinson. — La discussion ne peut être close. Elle n'est pas suffisamment approfondie. L'année dernière, nous avions l'appui d'un jurisconsulte éminent, l'honorable M. Josseaume, notre regretté collègue. La mort l'a frappé, mais son opinion reste. Elle est écrite dans nos procès-verbaux. Il a répondu précisément aux erreurs juridiques que M. Rouxin vient d'émettre devant vous. Vous devez les entendre, ou vous ne pourrez voter en pleine connaissance de cause. N'oublions pas que nous avons ici plusieurs collègues nouveaux qui ne connaissent pas la question à fond.

M. Robert. — Je demande que la discussion continue. Je ne me trouve pas suffisamment éclairé.

Cette demande est appuyée par plusieurs autres membres.

M. le Président. — M. Pinson, vous avez la parole pour continuer la discussion.

Continuation de la discussion.

M. Pinson. — On vous a dit, Messieurs, que l'autorité supérieure n'approuverait pas vos décisions sur la péréquation de l'impôt. J'ai vu un employé supérieur des contributions directes qui s'intéresse à cette question ; il m'a déclaré d'une façon catégorique que si l'Assemblée maintenait ses décisions, elle aurait le dernier mot ; que le Syndicat devait être le juge définitif; que seul il était maître, suivant les règles de sa constitution, de modifier l'assiette de l'impôt, quand elle est reconnue contraire à l'équité. On vous a dit aussi que le moment était mal choisi pour imposer les terrains bas, une année où ils ont été inondés. Mais c'est une mauvaise année pour tous nos marais : les terrains hauts ont souffert beaucoup aussi. C'est une année exceptionnelle. Je connais des propriétaires des Bruyères qui ont renouvelé leurs baux cette année sans aucune *diminution*. Donc ils n'ont pas autant souffert qu'on veut bien le dire. On vous a dit encore que vous ne pouviez changer l'assiette de l'impôt. Voyez nos annales. Cinq fois déjà, l'impôt a été modifié depuis l'existence du Syndicat. Les terres hautes ont toujours été augmentées. Mont-Dol, Dol, Hirel, la Fresnais et d'autres communes ont subi des augmentations notables, et je me rappelle encore l'impression produite ici sur M. Desmot, alors maire de Mont-Dol, quand il vit dans une seule année sa commune augmentée de 1,300 fr. d'impôts. Il s'en plaignit à l'Assemblée. On lui répondit que cette augmentation avait été nécessitée par les améliorations faites dans le Pont-Labbat. Il se soumit.

Jamais aucune augmentation n'a été faite pour les marais sous Châteauneuf depuis l'existence du Syndicat. Il est temps cependant que cette criante injustice soit réparée. Moi aussi, je suis propriétaire de 40 hectares dans les terrains bas. Le système de la commission augmentera mon impôt de 60 à 80 fr. J'en poursuis, néanmoins, la réalisation, car c'est avant tout une question de justice, et si quelque chose m'étonne, c'est de voir les autres propriétaires des terrains bas refuser l'augmentation proposée. Dans la commission, ils étaient représentés par M. de Beaufort, maire de Plerguer ; je fais appel à sa loyauté. N'est-il pas vrai, Monsieur de Beaufort, qu'au sein de la commission, après avoir étudié, comme nous, les bases actuelles de l'impôt, vous avez reconnu qu'elles étaient injustes, et qu'elles devaient être changées ?

M. de Beaufort. — Je l'ai reconnu ; mais je n'ai pas accepté le système de la commission.

M. Pinson. — C'est alors que nous vous avons prié de nous indiquer un système meilleur. Ni vous, ni la commission n'ont pu en trouver d'autre que celui qu'elle propose.

Je ne voulais pas vous parler, Messieurs, de la cote de rehaussement pour ne pas abuser de vos instants. M. Rouxin en a parlé ; je vous dois des explications. La cote de rehaussement est le produit du revenu net réel des propriétés d'une commune, divisé par le revenu matriciel de la même commune. Or, pour trouver la cote de rehaussement d'une commune, on prend sur les baux enregistrés le total du revenu net réel par nature de sol ; on divise par le revenu matriciel, et on a la cote de rehaussement pour cette commune. Ainsi, pour Plerguer et Miniac-Morvan, qui contiennent de grandes étendues de landes et de terres incultes, au sol dit *terrain :* en prenant le revenu net réel de ces landes, confondu avec le revenu des autres parties, on divise par le revenu matriciel de toute la commune, on trouve ainsi une cote de rehaussement qui est appliquée au sol de ces communes pour nos marais.

C'est ce qui vous explique qu'à Plerguer, la cote de rehaussement est de 1 fr. 35, tandis qu'à Roz-sur-Couesnon, Pleine-Fougères, Saint-Georges, Saint-Broladre, elle est de 3 fr. et plusieurs centimes, c'est-à-dire plus du double.

Comment voulez-vous que dans un pareil système où l'on fait entrer comme élément de calcul, des landes improductives, comme à Plerguer, par exemple, on puisse arriver à un résultat équitable? Est-ce que vraiment, il est logique de calculer l'impôt au marais, en prenant pour base un chiffre de revenu sur des terres improductives situées au terrain, et qui n'ont aucun rapport avec les terres des marais?

Il y a là une erreur et un abus manifestes, et nous devrions être tous d'accord pour les condamner irrévocablement. Le système de la commission les a fait complètement disparaître, puisqu'il ne fixe l'impôt que sur le revenu des terres exclusivement situées dans le marais.

Voilà pour la cote de rehaussement. On vous a affirmé aussi, avec une énergie qui me surprend de la part de M. Rouxin, que le principe invoqué par nous et qui consiste à dire que, dans les sociétés civiles, les charges doivent être supportées proportionnellement aux avantages que les propriétés retirent des travaux entrepris par les syndicats, ne fait pas partie de notre droit public et que cet article de loi n'existe pas. M. Rouxin, jurisconsulte, l'affirme, mais, Messieurs, M. Josseaume, lui aussi, était un jurisconsulte et on peut le dire un jurisconsulte éminent. Dans la discussion, M. Josseaume l'a toujours invoqué ce principe. Il l'a cité plusieurs fois et il existe si bien, ce principe, qu'il est écrit en toutes lettres dans la loi de floréal an XI. M. Rouxin l'ignore-t-il? On ne peut le croire. Mais pourquoi venir affirmer qu'il n'existe pas? C'est l'art. 2 de cette loi et c'est le droit public français, en ce qui concerne les syndicats ou sociétés civiles. Et il est juste que chaque associé supporte les charges, en raison des avantages qu'il retire de la société.

M. La Chambre. — Je désirerais savoir ce qu'on entend par ces mots — que chaque associé doit supporter les charges en raison des avantages qu'il en retire.

M. Pinson. — Cela veut dire en l'appliquant à notre Syndicat que nous dépensons, chaque année, 6,500 fr. environ, pour le curage des grands canaux qui ne servent presque exclusivement qu'aux terrains bas; que ces curages procurent de grands avantages aux terrains bas et que les propriétaires de ces terrains devraient payer cette somme, en raison des avantages qu'ils en retirent, tandis qu'en réalité, ils contribuent pour des sommes insignifiantes au payement de ces travaux. Sur un budget de 22,000 fr., cette année, 2,500 fr. sont affectés aux digues, 5,400 au traitement des employés, le surplus est destiné à l'entretien des canaux et à l'écoulement des eaux, travaux essentiellement nécessaires pour les terrains de bruyère et de rosière. Ils devraient donc contribuer, dans une large mesure, à l'impôt du Syndicat, tandis qu'il est prouvé qu'ils y contribuent pour des sommes vraiment pas trop modiques.

Après quelques observations de MM. de Laubespin, de Kergariou et autres, M. Pinson donne lecture du discours de M. Josseaume, en faveur du système de la commission et en réponse à MM. Mainsard et Rouxin, dans l'Assemblée générale du 11 mars 1878, M. Josseaume démontre que le système actuel de l'assiette de l'impôt doit être changé, et il déclare voter pour les conclusions du rapport de la commission comme consacrant et appliquant mieux que tout autre l'égalité des charges (voir son discours, p. 262 et suiv. de nos annales).

Cette lecture terminée, M. le Président soumet au vote de l'Assemblée une proposition qu'il libelle ainsi : « Que ceux qui veulent que les terres basses payent autant que les terres hautes lèvent la main. »

M. Pinson fait observer que la question ne peut être ainsi posée; que ce n'est pas ainsi qu'elle est formulée dans le rapport.

M. Rouxin dit que c'est au président seul qu'il appartient de formuler la proposition.

M. Pinson soutient que la proposition est formulée dans les conclusions du rapport, qu'elle a été votée ainsi et que ni M. le Président ni personne n'a le droit d'en changer la formule, quant au fond et quant à la forme.

M. Dupuy remet à M. le Président les conclusions du rapport de la commission, p. 232 de nos annales.

M. le Président invite l'Assemblée au silence et lit les conclusions du rapport de la commission ainsi conçues :

« A l'avenir : 1° les maisons et autres bâtiments seront » maintenus, sur les matrices cadastrales, au revenu matriciel » actuel, sans rien y changer ;

» 2° Les moulins et usines seront fixés, sur les mêmes » matrices, chacun à un revenu matriciel de 50 francs ;

» 3° Le revenu matriciel de tous les autres terrains de » l'enclave sera fixé à 1 fr. l'are ou 100 fr. l'hectare ;

» 4° Le budget de chaque année, pour toutes les communes, » sans exception, sera réparti au marc le franc sur le revenu » matriciel, sans aucune proportion de rehaussement. »

L'Assemblée se prononce, à une forte majorité, pour l'acceptation pure et simple de ces propositions. Toutefois plusieurs propriétaires des terrains bas contestent, et M. Rouxin demande la contre-épreuve.

M. le Président invite les membres de l'Assemblée qui sont d'avis de rejeter purement et simplement les conclusions du rapport à lever la main.

Tous les propriétaires des terrains bas lèvent la main et prétendent avoir la majorité.

M. Pinson les compte tout haut et leur dit : « Vous êtes treize sur quarante-cinq. » Ces propriétaires maintiennent que M. Pinson se trompe et qu'ils ont la majorité.

En présence d'un fait aussi inouï, M. Pinson se lève et invite les propriétaires des terrains hauts à quitter la salle en même temps que lui.

M. le Président se prononce alors et s'adressant à M. Pinson, il lui dit : « La majorité est acquise aux conclusions du rapport. »

M. Genée se lève et dit : « M. Pinson va me croire. Nous sommes quatorze à voter la contre-épreuve. »

M. Pinson : « Soit, quatorze sur quarante-cinq. »

Les conclusions du rapport de la commission sont acceptées à l'unanimité des membres présents, moins 14 voix sur 45 votants.

En conséquence, les conclusions du rapport sont acceptées purement et simplement à une forte majorité des membres présents, moins quatorze voix.

Pétition des habitants de Châteauneuf.

Pétitions de divers habitants des Rosières de Châteauneuf, au Ministre des Travaux publics, renvoyées au Syndicat.

M. le Président expose que plusieurs habitants de Rosières de Châteauneuf ont adressé au Gouvernement une pétition, tendant à obtenir de M. le Ministre des travaux publics l'étude du desséchement des Rosières par la Rance, et demandant une subvention de l'État.

Ces pétitions ayant été renvoyées à l'examen du Syndicat, il demande à l'Assemblée de donner un avis à ce sujet.

M. Rouxin expose que, sur l'initiative de M. Pinson, tous les principaux propriétaires des terrains des Bruyères et des Rosières s'étaient réunis, à l'effet de former un sous-syndicat, pour dessécher à leurs frais les terrains, objet de la pétition. Le sous-syndicat n'étant pas encore légalement formé, suivant les prescriptions de la loi de 1865, il est nécessaire que la correspondance, avec l'administration supérieure, se fasse avec le Syndicat actuel ; que c'est une simple formalité qui n'engage pas pour l'avenir.

M. Pinson fait observer que le moment n'est pas opportun de traiter cette question à l'Assemblée générale ; qu'il faut attendre que le sous-syndicat soit formé et que les intéressés aient souscrit les sommes nécessaires. Le Syndicat actuel ne doit s'engager, ni directement, ni indirectement, pour des travaux qui ne le concernent pas. C'est l'affaire des intéressés, dont je fais moi-même partie. Des commissaires sont nommés pour recueillir des adhésions. Il est prudent d'attendre et je demande que le vote soit ajourné jusqu'à la formation complète du sous-syndicat.

M. Rouxin insiste et déclare que lui-même n'entend nullement engager le Syndicat actuel dans ces dépenses; que c'est un simple concours moral qu'il sollicite de l'Assemblée, sachant parfaitement que le travail de desséchement complet des Rosières et des Bruyères n'incombe pas au Syndicat actuel. Il prie l'Assemblée de voter la proposition suivante :

« L'Assemblée émet le vœu que les études pour le dénoiement » des terres basses submersibles soient poursuivies avec activité, » et que des efforts soient faits par le Syndicat, auprès du » Gouvernement, pour obtenir une subvention de l'État. Vœu émis par l'Assemblée.

» Il est bien entendu, qu'en agissant ainsi, l'Assemblée n'en- » tend pas engager les finances de la Société. »

Plusieurs membres demandent le vote immédiat, d'autres l'ajournement.

Enfin, à la majorité, l'Assemblée vote le vœu formulé et proposé par M. Rouxin, sous les plus expresses réserves.

L'heure étant avancée, M. le Président déclare la séance levée.

Il y avait eu suspension de midi à une heure.

Le Secrétaire, PINSON. — *Le Président,* HOUITTE DE LA CHESNAIS.

Vu et approuvé sous la réserve des droits des tiers et de la décision à intervenir en ce qui concerne la révision des bases actuelles de l'impôt.

Rennes, le 9 octobre 1879.

Le Préfet d'Ille-et-Vilaine,
PR. ANDRÉ.

PROCÈS-VERBAL

De la séance du Conseil administratif des digues et marais de Dol du 12 mai 1879.

L'an 1879, le 12 mai, à une heure de l'après-midi, le Conseil administratif des digues et marais de Dol s'est réuni au Syndicat.

Étaient présents : MM. Hoüitte de la Chesnais, Rouxin, de Gouyon de Beaufort, Pépin (Joseph), Plainfossé, Venel, Lemarié, Maltouche, Pinson.

Le Conseil, se trouvant en nombre suffisant, a procédé à la réélection de son bureau, conformément au règlement.

Ont été élus à l'unanimité : MM. Hoüitte de la Chesnais, président; Rouxin, vice-président, et Pinson, secrétaire.

M. le Président a invité le syndic à donner lecture :

1° Du procès-verbal de la dernière séance, du 15 juillet 1878;

2° De son rapport ordinaire.

Ces lectures faites et avant de commencer la délibération, à l'unanimité, le Conseil s'est associé aux vifs regrets, exprimés par le syndic, de la perte de l'honorable M. Josseaume, et il a ensuite commencé l'examen des questions contenues dans le rapport du syndic.

Levée des Perches. — Les désastres occasionnés par l'inondation de cette année ont nécessité des travaux de réparations à la levée des Perches, en Lillemer. Il s'agit de l'établissement d'un bourrelet insubmersible, entre le Rocher et Lillemer, et autres travaux pour lesquels un crédit de 500 fr. a été accordé au conducteur.

Biez Guyoul. — Il a été reconnu que l'exhaussement de la levée occidentale du biez Guyoul était nécessaire sur plusieurs points, et le Conseil a décidé que ce travail serait exécuté en même temps que celui du redressement des chemins.

M. le Président a donné connaissance au Conseil des pétitions de divers habitants de Dol, propriétaires aux Tandières, à l'effet d'appeler son attention sur les inondations qui se sont produites cette année et pour qu'il prenne des mesures pour en éviter le retour.

M. le Conducteur fait observer que les ponts signalés comme défectueux sont faits pour conduire les eaux des égouts de la ville et de l'hospice, et non pour celles du biez Guyoul; que les berges de ce biez sont trop basses sous l'Abbaye, et que c'est la véritable cause des inondations. Il ajoute que le Syndicat peut les faire exhausser jusqu'à la limite de sa propriété, c'est-à-dire jusqu'au mur de l'hospice, mais qu'au delà, en amont, c'est l'affaire des ponts et chaussées ou de la municipalité de Dol.

M. le Président donne lecture d'un rapport fait par M. Bossinot-Ponphily, à l'Assemblée des digues et marais du 26 juin 1866, et inséré aux annales des digues et marais, pages 182 et suivantes du troisième volume.

Ce rapport répond à toutes les questions posées par les pétitionnaires qui, du reste, étaient les mêmes qu'aujourd'hui, et le Conseil ne croit devoir rien y ajouter, sauf à faire relever, simultanément avec les ponts et chaussées, la levée du biez Guyoul cause des inondations.

M. Salzard fait observer qu'il est nécessaire d'exhausser le niveau du chemin ou ruelle faisant suite à la levée de ceinture, sous l'Abbaye, afin d'empêcher la communication des eaux avec la Bruyère.

Le Conseil décide que le niveau de ce chemin sera élevé au niveau des terres adjacentes.

Terrains sur le lit du Couesnon. — M. le Président donne lecture d'une lettre de M. Saint, conducteur des ponts et chaussées au Mont-Saint-Michel, faisant connaître que l'administration domaniale va mettre en vente les lais de l'ancien lit du Couesnon, et il demande si l'administration se considère comme propriétaire riverain, et en cas d'affirmative, si elle est disposée à acquérir ces terrains.

Le Conseil administratif, après avoir délibéré sur cette communication :

Considérant qu'il convient peu à l'Association d'acquérir des propriétés d'une nature privée, et dont l'exploitation serait pour elle un sujet d'embarras ;

Considérant qu'il suffit à ses intérêts de réserver l'intégrité de la propriété de ses anciennes digues ;

Considérant que les digues consistent non seulement dans la partie apparente des pierres employées à leur défense, mais surtout dans la partie enveloppée de terre et vase de colmatage ; qu'il a été précédemment reconnu par l'État et la Compagnie Moselman, après un sérieux examen des digues et marais de Dol, que leur constitution, en général, comporte un espace de cinq mètres de largeur, comme équivalente à l'étendue des parties de ses digues, au delà du point de jonction des terres présumées de colmatage, en avant des digues comme partie enterrée de la digue,

Est d'avis qu'il n'y a pas lieu d'exercer le droit de préemption qui pourrait lui appartenir sur l'ancien lit du Couesnon dénoyé, mais de demander qu'une délimitation de la digue soit faite sur ces bases avec l'État, avant qu'il soit procédé à l'aliénation de ce lit, et même de s'opposer par toute voie de droit à cette aliénation avant que la délimitation ait eu lieu.

Affaire Ollivier. — Le sieur Ollivier, fermier des berges orientales du biez Briant, a assigné le Syndicat en résiliation de bail avec dommages-intérêts, sous le prétexte d'un trouble dans sa jouissance par l'administration communale de la Fresnais.

M. le Président fait observer que le sieur Ollivier ne s'est pas tenu dans les conditions de son bail qui lui défend de faire pacager la berge du biez Briant; qu'il n'a d'autres droits que de couper les foins chaque année; que, du reste, la question de propriété a été étudiée par une commission dont il est le rapporteur; qu'un projet de transaction en a été accepté par MM. Maltouche et Augustin Turmel, délégués du conseil municipal de la Fresnais, en présence de la commission.

M. Maltouche nie ce fait, prétend que la commune ne vendra pas le terrain qui lui appartient; que tout le conseil est d'accord avec lui, ajoutant qu'il préférait résilier ses fonctions de maire plutôt que de céder sur ce point.

M. Venel demande que la commune nomme un jurisconsulte qui viendra devant l'Assemblée générale.

M. Maltouche rejette cette proposition et maintient ses prétentions.

M. Rouxin observe qu'il faut sortir de là, fait l'historique de la difficulté et conclut en demandant d'accepter, purement et simplement, le rapport de M. le Président.

M. le Président donne alors lecture de son rapport et de ses conclusions qui sont acceptées à l'unanimité, et le Conseil décide que si la commune persiste, après un mois écoulé, le syndic est autorisé à suivre l'affaire judiciairement, après avoir fait connaître officiellement à la commune de la Fresnais la décision du Conseil administratif, pour ouïr reconnaître et sanctionner par les tribunaux l'étendue des droits de l'Association sur la berge orientale du biez Briant.

Levée du biez Guyoul. — M. le Président donne lecture de son rapport sur les anticipations commises sur la levée du biez Guyoul.

Le Conseil l'approuve et admet ses conclusions à l'unanimité.

Comptes du receveur central. — MM. Pépin et Lemarié ont fait leur rapport sur les comptes du receveur central (gestion de 1878, deuxième partie, gestion de 1879, première partie). Ces comptes ayant été reconnus exacts, le Conseil les a approuvés.

BUDGET SUPPLÉMENTAIRE.

M. le Président donne lecture du budget supplémentaire.

Cette lecture faite, une discussion s'engage sur le crédit de 1,400 fr. pour la construction d'un perré à la Sauvagère.

Après une discussion, à laquelle prennent part MM. Pépin, Maltouche et Pinson, la solution est renvoyée à une commission qui sera composée de MM. Pépin, Venel, Maltouche, Lemarié et Pinson, dont le rapport sera fait à la première réunion du Conseil.

La même solution est admise pour le crédit de la Ville-ès-Jarrets, qui sera également soumis à l'examen de la même commission.

Les autres crédits ont été admis par le Conseil.

Pétitions.

M. le Maire de la Gouesnière demande la construction d'une goutte ou ponceau sur le chemin vicinal de Saint-Benoît à Châteauneuf, afin d'écouler les eaux dans cette partie du marais, qui a été inondée une grande partie de l'hiver, au lieu dit les Clos-Neufs, à la limite des communes de la Gouesnière et de Saint-Benoît.

Il est fait observer que les communications de bourg à bourg seront entretenues par des ponts aux frais de l'Association (art. 7, § 5; délibération du 7 germinal an VIII : 28 mars 1800).

Il est également fait observer par un autre membre, qu'il a été décidé récemment que les ponts et ponceaux sur les chemins vicinaux seraient faits par l'administration du service vicinal et que l'Association y contribuerait seulement pour moitié.

Le Conseil confirme cette jurisprudence et adopte la demande dans cette condition.

Plusieurs habitants de Saint-Guinoux demandent l'exhaussement du tablier d'un pont sur le chemin de Laubier, les intéressés se proposant de faire tous les transports. — Adopté.

M. le Maire de Mont-Dol observe que sa commune a voté des centimes pour l'empierrement des chemins communaux, et il demande que le redressement fait par le Syndicat soit fait de préférence sur ces chemins. — Approuvé.

M. Pépin demande qu'on répare, au moins deux fois l'année, les chemins ruraux. — Approuvé.

M. Plainfossé dit que M. Bélan a empierré un chemin dit de la Poultière, sur lequel se trouve un ponceau, et il demande que les parapets de ce ponceau soient relevés. — Approuvé.

L'Assemblée générale des députés est fixée au 21 juillet prochain, et la réunion du Conseil administratif huit jours auparavant.

M. le Président déclare la séance levée.

PROCÈS-VERBAL DU CONSEIL ADMINISTRATIF

L'an 1879, le 14 juillet, à une heure de l'après-midi, le Conseil administratif du Syndicat des digues et marais de Dol s'est réuni au lieu ordinaire de ses séances.

Étaient présents :

MM. Hoüitte de la Chesnais, président; Rouxin, vice-président;

Pinson, secrétaire ; de Gouyon de Beaufort, Guibourg, Pépin, Plainfossé, Venel, Lemarié, Maltouche.

Le Conseil, étant en nombre suffisant, M. le Président a déclaré la séance ouverte et a invité M. le Syndic à donner lecture du procès-verbal de la dernière séance.

M. le Syndic a donné lecture du procès-verbal de la séance du 12 mai 1879. Ce procès-verbal a été accepté sans observation.

M. le Conducteur a ensuite donné lecture de son rapport sur les travaux en général. Cette lecture terminée, M. Pinson fait observer que dès l'année dernière, il avait remarqué, que les ouvriers chargés du travail de redressement des chemins se permettaient de prendre des gazons sur l'arête du chemin et même sur les accotements, pour combler les ornières du milieu ; que cette année les mêmes errements s'étaient produits au début du travail ; qu'il les avait signalés de nouveau au conducteur et qu'il en avait été tenu compte, à partir de ce moment.

M. Pépin demande qu'en faisant le travail des chemins on tende le plus possible à les bomber vers le milieu pour favoriser l'écoulement des eaux.

M. le Président fait observer que, d'après les anciens règlements, les chemins ruraux devraient avoir un mètre au-dessus du sol des champs voisins et que, dans le travail de redressement, il était important de ne jamais prendre aucun gazon ni aucune terre sur le chemin lui-même.

M. Rouxin dit que l'on doit suivre les règles appliquées pour les grandes routes et que l'on ne doit jamais toucher aux accotements des chemins.

Après d'autres observations de MM. Venel, Pépin et Guibourg, le Conseil décide qu'il doit être donné des ordres précis chaque année aux ouvriers chargés du redressement, afin que ces errements ne se renouvellent plus et qu'on prenne à l'avenir, les terres nécessaires exclusivement sur les champs voisins, conformément au règlement.

M. Plainfossé fait connaître qu'il a trouvé un champ de 50 ares, propice pour une plantation de sûretière de peupliers et demande au Conseil d'en faire la location pour une durée de neuf ans. Le Conseil renvoie la question à l'étude du conducteur.

M. Venel donne lecture de son rapport sur les éboulis du chemin de la Sauvagère en la Gouesnière et de la Ville-ès-Jarrets en Hirel.

Cette lecture faite, M. le Président délègue la présidence à M. Rouxin et fait les observations suivantes : « Vous connaissez, » dit-il, les travaux d'élargissement qui ont été faits au biéz » Jean. Ces travaux ont donné naissance à des sources qui dé- » trempent le sol et qui occasionnent, chaque année, des ébou- » lements assez considérables pour diminuer la largeur du » chemin et rendre la circulation difficile. Il est de règle que » si, par suite des travaux faits, l'administration cause un pré- » judice, elle est tenue à le réparer. » Sans s'opposer aux conclusions du rapport, il maintient que la construction d'un perré est nécessaire, qu'antérieurement l'administration avait déjà construit un perré en face de la maison de la Sauvagère pour maintenir le chemin et qu'il y a la même raison aujourd'hui pour construire un perré au lieu des éboulements qui se sont produits l'hiver dernier. Il ne croit pas que les arbres indiqués dans le rapport, comme nuisibles aux chemins, soient la cause du mal et maintient énergiquement la construction d'un perré en pierre.

M. Venel déclare que, sur les lieux, il a acquis la conviction que si la douve bordant le chemin n'avait pas été supprimée, les éboulements ne se seraient pas produits : ces anticipations ont été faites par les anciens propriétaires et ce n'est pas seulement un perré qui a été fait en face de l'étable, mais une véritable digue ou au moins un mur de soutènement; qu'un travail semblable entraînerait dans des frais considérables, et que les conclusions du rapport suffiront pour remédier au mal; qu'on devra d'abord abattre les arbres qui se trouvent sur le chemin, rétablir l'ancien fossé pour recevoir les eaux du champ voisin, reprendre le terrain appartenant à l'administration, faire un clayonnage avec piquets de grandes dimensions pour empêcher les éboulements à venir, et que ces travaux suffiront amplement pour rétablir le lieu dans son état normal.

M. Pépin conteste l'utilité d'un perré.

M. le Président persiste à demander un perré et en développe à nouveau les avantages.

Les conclusions du rapport mises aux voix sont adoptées purement et simplement.

M. Pinson donne lecture de son rapport sur la plantation des chemins.

Cette lecture faite, M. le Président trouve trop court le délai fixé pour l'abatage des arbres et demande deux ans pour les saules et cinq ans pour les autres arbres.

M. Rouxin demande que l'art. 6 de l'ancien règlement soit maintenu en ce qui concerne la plantation sur les biez, douves et essais. Il dit que les plantations donnent de l'ombrage et nuisent à la solidité de la berge.

Après une discussion à laquelle prennent part MM. Pépin, Lemarié, Hoüitte, Guibourg, la plantation sur les biez et essais est décidée et les conclusions du rapport sont acceptées, sauf à ne planter sur les biez qu'à 40 centimètres de la crête, et à accorder sur les chemins deux ans pour abattre les saules et cinq ans pour abattre les grands arbres. Les arbres plantés sur les champs voisins et inclinant sur les chemins devront être rescindés immédiatement.

Pétitions.

M. le Syndic donne lecture d'une pétition des habitants de Hirel demandant d'appliquer aux chemins ruraux, conformément à la décision de l'Assemblée du 9 juillet 1877, la jurisprudence relative aux gouttes et ponceaux du marais, en ce qui concerne le chemin de l'Aupinière en Hirel. Cette pétition donne lieu à une longue discussion dans laquelle on rappelle le but de notre Association syndicale, les uns prétendant que c'est une société d'endiguement, les autres aussi une société de desséchement.

A cet effet, M. Rouxin donne lecture d'une lettre que lui a écrite M. le Préfet d'Ille-et-Vilaine, relative au dénoiement projeté des bas marais, et ramenant la discussion à son objet véritable. M. le Président rappelle que les anciens règlements, en ce qui concerne les marais intérieurs, employaient le mot « abiennement des marais, » ce qui s'appliquait aussi bien aux cours d'eau qu'aux chemins ruraux, et il propose, à titre d'encouragement pour la confection des chemins ruraux, que le Conseil accorde une subvention du dixième de la souscription des intéressés.

En conséquence, le Conseil accorde une subvention de 98 fr. 95 aux pétitionnaires de l'Aupinière en Hirel, et il est décidé que toute souscription semblable, pour avoir droit au dixième, devra être rendue exécutoire par le préfet d'Ille-et-Vilaine, sinon elle ne sera pas admise.

Il est ensuite donné lecture d'une pétition faite par le conseil municipal de Mont-Dol, demandant l'établissement d'un bourrelet sur le chemin de servitude du pont Dom-Roux aux Barrelières, ainsi que l'établissement d'un ponceau muni de vannes sur le chemin susindiqué, et encore l'établissement d'un autre ponceau sur le chemin de la Trinité, au Dinanais. Tous les intéressés se chargent du transport des matériaux.

Après une discussion à laquelle prennent part MM. Pépin, Venel et Lemarié, le Conseil admet la demande en ce qui concerne le bourrelet et les ponceaux, et la rejette en ce qui concerne les vannes.

Il décide, du reste, que le conducteur peut établir des bourrelets en faisant le redressement des chemins sur les lieux jugés dangereux à la circulation.

Il est ensuite donné lecture d'une pétition de MM. La Chambre et Belart, demandant, entre autres choses, de trancher la vieille digue sur l'ancien lit du Couesnon, afin, dans les grandes crues, de déverser les eaux de ce côté. L'objet de cette pétition devant entraîner des travaux assez compliqués a été renvoyé à l'examen de l'Assemblée générale.

Lecture a ensuite été donnée d'une demande de M. Dupuy, maire de Saint-Benoît-des-Ondes, tendant à obtenir pour la reconstruction de l'aqueduc du Pont-Benoît les transports faits par les intéressés. — Adopté.

Lecture a été donnée d'une lettre de M. Cuny, médecin au Vivier, demandant un travail sérieux sur les bords du biez Guyoul, en face le champ Mont-Jean, pour réparer les éboulements. Cette demande a été renvoyée à l'étude de M. le Conducteur.

Lecture a été donnée d'une demande de M. Gasnier (Marie), député de Cherrueix, demandant à faire l'acquisition d'une langue de terrain en face sa propriété à Cherrueix, sur le bord de la digue.

M. le Président fait observer que nous devons maintenir l'alignement de nos digues dans toutes leurs limites et la pétition est renvoyée à l'examen de l'Assemblée générale.

Il est donné lecture d'une lettre de M. le Préfet faisant connaître l'avis des ingénieurs sur la péréquation de l'impôt et demandant que cette question soit soumise à nouveau à deux Assemblées consécutives, conformément au règlement.

M. Pinson fait observer que, d'accord sur le fond, il ne s'agit vraisemblablement que d'une question de forme qui devra être soumise à l'Assemblée générale. — Accepté.

Budget.

M. le Président donne lecture, article par article, du budget proposé pour 1880. M. Pinson demande des explications sur certains crédits généraux, qui, tous les ans ou à peu près, augmentent sans bien en connaître la cause, notamment l'article « frais généraux pour l'administration du Syndicat, » qui, il y a quelques années, étaient portés à 300 fr. et qui sont aujourd'hui portés à 800 fr., et demande la réduction de ce crédit à 600 fr.

Après discussion à laquelle prennent part MM. Pépin, Hoüitte, le Conseil maintient le crédit, et maintient du reste le budget tel qu'il a été proposé.

Ensuite, M. Pinson fait l'observation suivante :

En examinant attentivement les comptes présentés par le receveur central, j'avais cru remarquer une erreur depuis 1868 sur la manière de calculer les remises, chaque année, du receveur. J'ai communiqué mon impression à M. le Syndic, qui s'empressa d'en informer M. Jollivet, receveur central.

Après examen sérieux, M. Jollivet a reconnu, avec une parfaite loyauté, qu'en effet, il avait commis une erreur de perception, et il proposa de la réparer immédiatement.

M. Jollivet explique qu'il avait cru avoir droit à 2 % sur la dépense et 2 % sur la recette, s'étant basé sur le taux porté au budget pour percevoir ses remises, mais qu'effectivement, ce taux 2 % porté au budget pour les recettes et pour les dépenses, est un taux erroné; qu'après étude nouvelle, il s'était assuré qu'il n'avait droit qu'à 1 % sur la recette et 1 % sur la dépense; qu'il ferait remise au Syndicat de la somme perçue par erreur, et qu'il se faisait fort d'obtenir de M. Raffron, son collègue et son prédécesseur comme caissier, qu'il rectifiât, lui aussi, l'erreur commise de bonne foi.

M. Pinson demande que ces sommes soient reportées au budget de cette année. — Adopté.

M. le Président déclare la séance levée.

Le Secrétaire,

PINSON.

Arrêté de M. le Préfet du 4 novembre 1878.

TABLEAU DE RÉPARTITION *de la somme de 22,000 fr. à payer en 1879, par les propriétaires de l'enclave des marais de Dol*

PERCEPTIONS	COMMUNES	REVENU matriciel cadastral imposable EN 1879	PROPORTION de rehaussement	REVENU NET imposable rehaussé pour 1879	PRINCIPAL à RÉPARTIR 22,000 fr.	Frais de confection de la matrice des rôles, etc. 9 centimes	TOTAL	REMISE du receveur central 2 fr. 0/0	TOTAL	REMISE DES PERCEPTEURS 1 fr. 0/0 sur la recette	REMISE DES PERCEPTEURS 10 cent. par ARTICLE	TOTAL GÉNÉRAL	NOMBRE d'articles de rôles	CENTIMES le franc de 1879
CANCALE	Saint-Méloir	29,551 68	1 75	51,715	1,121 62	22 05	1,143 67	22 87	1,166 54	11 66	24 50	1,202 70	245	0 03995
CHATEAUNEUF	Châteauneuf	2,287 86	1 10	2,517	54 59	5 13	59 72	1 19	60 91	» 61	5 70	67 22	57	0 02714
	Plerguer	13,950 68	1 35	18,833	408 46	15 48	423 94	8 48	432 42	4 32	17 20	453 94	172	0 03143
	Lillemer	17,774 64	1 56	27,728	601 38	24 39	625 77	12 52	638 29	6 38	27 10	671 77	271	0 03642
	Miniac-Morvan	6,152 10	2 16	13,289	288 22	19 80	308 02	6 16	314 18	3 14	22 »	339 32	220	0 05194
	Saint-Guinoux	11,646 21	2 27	26,437	573 38	23 22	596 60	11 93	608 53	6 09	25 80	640 42	258	0 0530
	Saint-Père	1,211 88	2 73	3,308	71 74	6 03	77 77	1 56	79 33	» 79	6 70	86 82	67	0 06666
DOL	Dol	6,605 21	1 65	10,899	236 39	10 26	246 65	4 93	251 58	2 52	11 40	265 50	114	0 03864
LA GOUESNIÈRE	La Gouesnière	23,029 83	2 47	56,884	1,233 73	29 52	1,263 25	25 27	1,288 52	12 89	32 80	1,334 21	328	0 05665
	Hirel	57,094 29	1 937	110,502	2,398 56	76 59	2,475 15	49 50	2,521 65	25 25	85 10	2,635 »	851	0 04481
	La Fresnais	50,862 36	2 70	137,328	2,978 44	76 41	3,051 85	61 10	3,115 95	31 16	84 90	3,232 01	849	0 062042
	Saint-Benoîst	17,106 94	2 41	41,228	894 17	28 53	922 70	18 46	941 16	9 41	31 70	982 27	317	0 05575
MONT-DOL	Mont-Dol	126,380 21	1 64	207,264	4,495 23	86 13	4,581 36	91 63	4,672 99	46 73	95 70	4,815 42	957	0 037421
	Baguer-Pican	1,183 79	1 88	2,226	48 28	2 97	51 25	1 03	52 28	» 52	3 30	56 10	33	0 04484
	Cherrueix	65,901 08	1 62	106,760	2,315 45	65 07	2,380 52	47 61	2,428 13	24 28	72 30	2,524 71	723	0 037823
	Le Vivier	15,220 55	1 90	28,919	627 21	26 91	654 12	13 08	667 20	6 67	29 90	703 77	299	0 04447
	Roz-Landrieux	29,918 88	1 55	46,374	1,005 78	33 84	1,039 62	20 79	1,060 41	10 60	37 60	1,108 61	376	0 035923
PLEINE-FOUGÈRES	Pleine-Fougères	971 05	3 01	2,923	63 39	2 70	66 09	1 32	67 41	» 67	3 »	71 08	30	0 0704
ROZ-S.-COUESNON	Roz-s.-Couesnon	12,050 71	3 26	39,285	852 03	27 »	879 03	17 58	896 61	8 97	30 »	935 58	300	0 0754
	Saint-Broladre	13,992 46	3 72	52,052	1,128 93	46 08	1,175 01	28 50	1,198 51	11 99	51 20	1,261 70	512	0 08688
	Saint-Georges	6,396 44	3 14	20,085	435 61	17 37	452 98	9 06	462 04	4 62	19 30	485 96	193	0 07326
	Saint-Marcan	2,708 31	2 85	7,719	167 41	13 77	181 18	3 62	184 80	1 85	15 30	201 95	153	0 06948
TOTAUX				1,014,365	22,000 »	659 25	22,659 25	453 19	23,112 44	231 12	732 50	24,076 06	7,325	

Certifié par le Directeur des Contributions directes.

Rennes, le 15 mars 1879.

FEUCHÈRE.

Typ. OBERTHUR ET FILS, à Rennes.

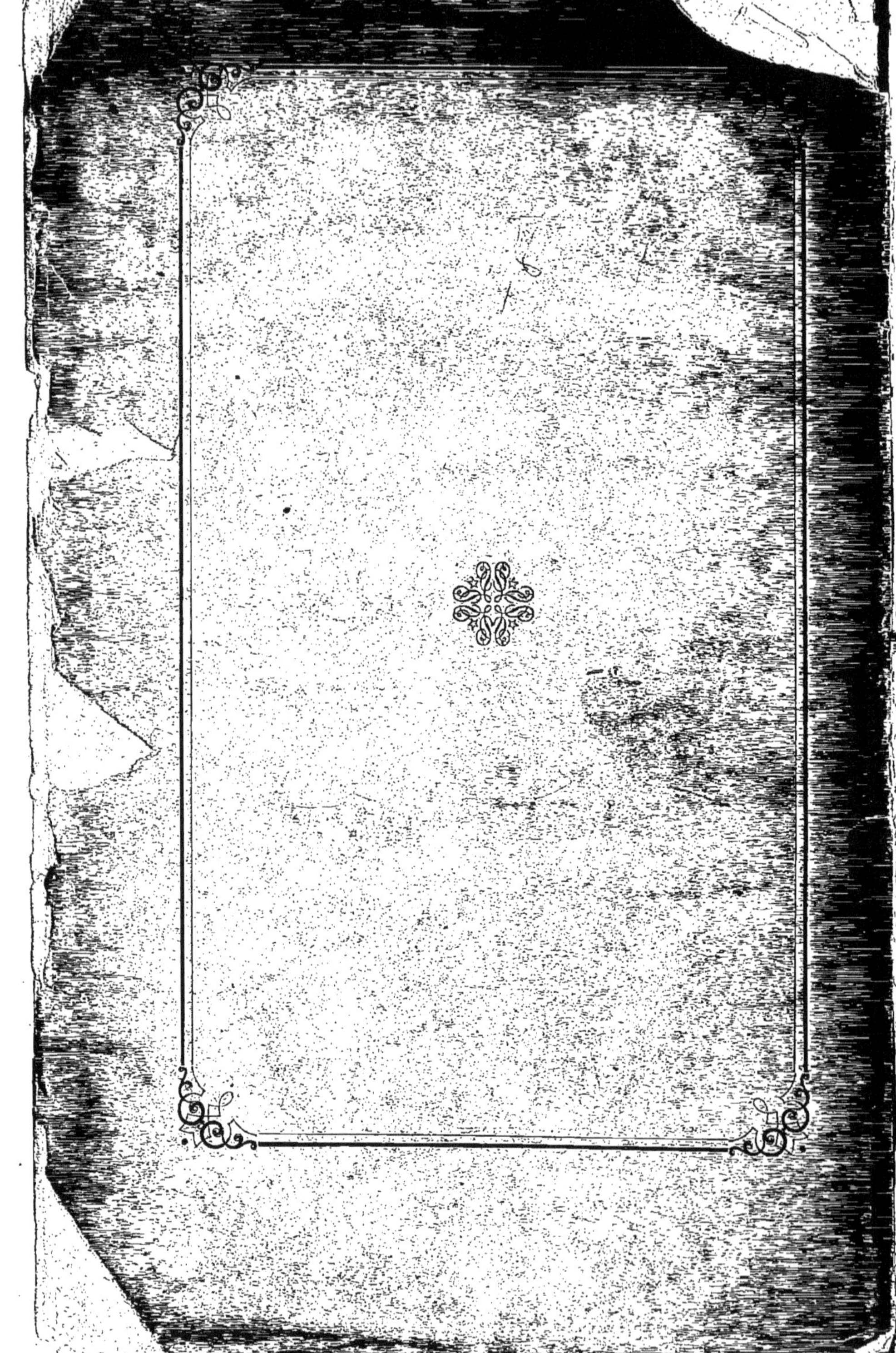

www.ingramcontent.com/pod-product-compliance
Ingram Content Group UK Ltd.
Pitfield, Milton Keynes, MK11 3LW, UK
UKHW021222230726
13926UKWH00003B/1182

9 782014 445879